敢干

邓明◎著

北京联合出版公司
Beijing United Publishing Co.,Ltd.

图书在版编目（CIP）数据
敢干 / 邓明著 . -- 北京 : 北京联合出版公司，
2025. 10. -- ISBN 978-7-5596-8700-5
Ⅰ . B848.4-49
中国国家版本馆 CIP 数据核字第 2025MZ9128 号

敢　干
作　者：邓　明
出品人：赵红仕
产品经理：张志元
责任编辑：管　文
封面设计：异一设计

北京联合出版公司出版
（北京市西城区德外大街83号楼9层　100088）
北京联合天畅文化传播公司发行
天津睿和印艺科技有限公司印刷　新华书店经销
字数165千字　710毫米 ×1000毫米　1/16　13.75印张
2025年10月第1版　2025年10月第1次印刷
ISBN 978-7-5596-8700-5
定价：69.00元

推荐序

□李维文

资深公共关系培训专家，畅销书作家

这并非一本教我们“如何在短期内迅速成功”的书——类似的书已经太多了，不是吗？问题是，当所有人都梦想成功时，我们又靠什么在如此残酷的竞争中脱颖而出呢？作者邓明先生是潜能开发及自我提升领域的专家，他在本书中为我们提出了几个至关重要的问题，并从“简化思考”和“加强行动效能”的角度告诉我们：与其坐在家里思考成功的捷径，不如鼓起勇气迈出第一步，以打破现状。作者认为，我们应该思考和调整自己实现目标和对待成功的方式，而非忙着制定宏伟的目标。

更加重要的是，本书强调且倡导：一个人应该具备最基本的行动力。如果我们懂得很多，却不敢去干，我们就得知道原因，为何别人干成了，你却不能？人们辛苦地学习知识，掌握工作技能，是希望能够改善生活，实现价值，并且在这个世界上留下属于自己的独特印迹。

这是属于所有人的理想。然而，多数人真正做起来后，却发现事情并没有那么简单——虽然他们才华横溢且心怀梦想，却始终不能获得成功，实现自己的目标。于是，他们产生疑惑，并开始抱怨环境，推卸责任，把问题归咎于同事、朋友、客户乃至亲人。

作者认为，这已经成为当今社会常见的问题。随着信息爆炸式增长，生活节奏越来越快，人们常常过度思考，但又不敢迈出脚步；不想安于现状，可又懒得采取行动真正做出改变。作者在书中把这个群体定义为“居家的思考者”，他们一直在思考诸如“怎样动动手指就能一夜暴富”的问题。

如何解决这个问题，就是本书要告诉我们的。我们知道什么并不是最重要的，我们能勇于干点儿什么，才是最关键的。这也正是作者的“行动力课程”多年来所提倡的思考和行为模式，即究竟怎样干才能实现自己心中那些美好的想法。

大多数涉及行动力提升的书，都会笼统地告诉我们应该如何制定目标，以及如何实现目标。我们总是能从形形色色的励志书中找到一些改善行为的计划。然而，我们也清楚地知道，这些计划并没有用。我们会发现，这些计划并不能起到长期的作用，因为这些书中并没有分析具体原因，告诉我们为何长期以来无法解决问题。

但是，本书不同，作者不仅为我们制定了从“敢想”转变为“敢干”的原则，从“知道”转变为“做到”的方法，还提供了一条对解决问题最有帮助的通道。书中会告诉我们，我们为何没有勇气迈出第一步，而不是强制性地、不加以区别地建议我们采取某种固定的模式。

我认为，本书汇集了作者多年来的实战经验和非常实用的智慧总结。读者一定能从中找到自己需要的答案，充分地应用于自己的工作和生活中。

目 录

—

敢干

—

引　子

敢干：普通人逆天改命的最佳途径

世界属于琢磨得少、说干就干的人

从2011年开始，我们在洛杉矶增设了与行动力有关的课程。这是一个提升人们行动效能的培训课，报名费非常高昂。在解释为何需要支付如此高昂的费用时，我曾对《洛杉矶时报》的记者海芬说："人们不会珍惜免费得来的一切东西。"正因为高效的行动总是很困难，所以才需要一个能够铭记于心的开始。

与此同时，我们把这个课程命名为"颠覆式思考"——是的，行动首先是一门思考课。行动不仅涉及思考的技术，还是"高效思考""高效决策"的产物。我们从思考开始启发人们自我改变，直至明白"高效的行动"是如何产生并保持的。

这正如一位诚实的失败者发出的疑问。而那些心怀梦想却又四处碰壁的"老实人"也都希望解决他们内心的困惑。他们想听到刺耳的真话而不是客套的假话——如果我们也想听一些真话，那么本书就值得我们继续阅读下去；否则，我们大可在此时放弃阅读。对多数人来说，不了解本书的内容不会有任何损失，因为在这个世界上，可能有超过99%的人对自己为何一事无成的问题不感兴趣。

如果选择继续阅读，本书将会为我们揭晓一些让人感到不怎么舒服的真相。我们会发现很多被我们抱怨已久的问题并不是由他人造成的，罪魁祸首其实是我们自己。我们可能已被别人夸赞得太久了，以至于早就失去了检测自身的实际行动力。遇到挫折后，我们在心安理得地接受别人的安抚时，可能从来没有思考过自己身上的问题：

· 为什么我做了那么多准备，却仍然不敢迈出第一步？
· 为什么我是大家公认的聪明人，却一件事也干不成？
· 为什么别人都实现了自己的理想，而我却碌碌一生？

10年前，这三句话写在了我公司的荣誉墙上，与那些业绩优秀的员工的名字挂在一起。我用这种强烈的对比激励自己的员工：为何我们不能像他们那样做到优秀？找到原因才是解决问题的根本办法。

10年后，当我们的行动力课程开始时，这三句话提出的问题又成为每一名学员必须解答的。我们决心提出这些问题并开设这门课程，最大的希望是惠及那些有强烈的改变动机但又缺乏勇气和必要方法的群体。无论我们在工作和生活中遇到了多么大或多么微不足道的麻烦：减肥、戒烟、面试、创业乃至需要制订并执行人生的长期规划，这门课程和本书的内容都能为我们提供相应的帮助。我会从心理学、潜意识和行动规划的角度，与大家分享自己的人生经验，一起探讨如何在实践中提升自己的行动力。

在20世纪末的一个夏天，我孤身一人来到洛杉矶发展。那时我和现在的年轻人一样，对未来充满激情，口袋中也揣着厚厚的计划书。我们在20岁出头时的做法惊人地一致——不仅要改变自己的命运，还想改变世界。但是，现实是最严酷的“老师”，它会给我们上课，让我们冷静下来——我们不光要能想，还要敢干！

那时，我身上只有1000美元，能做的第一件事，就是赶紧租套房子安定下来。于是，我找到了一间便宜的地下室，支付了第一个月800美元的房租。接着，我面临的第二件事是找一份能及时获得工资的工作，而不是按原计划去各种高档写字楼推销“我的梦想”。这要求我必须先成为一名勇于开拓、脚踏实地的实战派，一步一个脚印地实现目标，因为任何想法如果不去落实，都毫无价值。假如我坐在地下室夜以继日地勤思苦想——像许多人正在做的那样，结局可以想象，我可能不到半个月就饿死了，因为剩下的200美元生活费实在支撑不起大脑中“价值几百万美元的大生意”。

有时候，这恰恰是一些人不能成功的原因——相比于现实，他们的梦想太远大了。所有经历过人生困境的成功者都知道：快速高效的行动远比富有诱惑力的梦想更能决定我们的命运。

因此，我到洛杉矶后租房子用了两天，找工作用了三天。为一家国际品牌的化妆品公司在洛杉矶的代理销售商做一线销售员，就是我在美国的第一份工作。公司的规模不大，加上老板总共不到30个人，每个人都既是销售员，又承担着其他的工作。这需要我每天打上百个电话，联系不同地区的客户，在这座国际大都市里来回跑上百千米，接触客户，递送材料，还要保障售后服务。回到公司后，我还需要兼职做一部分文案工作，为市场部的宣传提供建议。

那是一段异常艰难的时光，有时候我每天只吃一顿饭，大部分时间都在电车上度过。不过，这对我后来的人生影响非常大。我从这段经历中总结出的一条重要原则是——不管干什么，我们都必须停止思考，马上行动起来。我们要用结果说话，用结果证明自己，而不是用我们的想法。

为何“居家的思考者”不能成事

很多人都在思考和讨论如何成功，这既非功利的话题，也不是讨论的禁区。但是，现实往往令人尴尬，他们中的多数人并不清楚为什么自己在竞争中败下阵来。

当公司开始从事培训和咨询方面的业务时，我们曾经在洛杉矶街头做了一项调查，整个调查用时5个多月。调查的题目是：“我们如何对待生命中的重大机遇？”在那次调查中，共有1279人接受了我们的采访。他们当面回答这个问题，有的人还拿出几分钟与我们的调查员进行了详细的讨论。

调查结束后，我们拿到了厚厚的一摞调查问卷，上面都是人们的真实想法。我们把相关的采访录入系统，然后整理打印出来，足足装满了一只大箱子。调查问卷很丰富，但它透露的信息让我感到遗憾，因为很少有人愿意“毫不犹豫地抓住机遇”。在接受采访的人中，超过67%的人的回答是“我要想一想再说”或者“我希望自己再观察一下”。人生中的重大机遇并不常见，即便如此，人们还是保持强烈的谨慎态度，但又会感慨自己怀才不遇。

正像调查问卷反映的那样，有相当一部分人或许仅仅是坐在家里思考，或者待在办公室里抱怨：我怎样才能成为老板那样的人物？我如何才能考上知名大学？我应该采取什么方法才可以成功减肥？他们是思考的强者，想得很多，且有层出不穷的想法，但仅此而已。人们心中的念头就像浪花，想想就“落下来了”，那些伟大的梦想或可行的目标从来不会变成现实。

对于这种现象，我在培训中曾列举了一个例子：“从心理学的角度看，几乎每个人都有懒惰的一面，想看看外面的世界，却迈不开双腿。”我们中的许多人智商可能很高，知道的也很多，指点江山，点评时事，好像这个世界上所有的事情没有他干不了的，但仅仅是说说而已。当真的需要采取一些行动时，我们看到的是他们紧闭的房门和沉默不语的态度。这正是“居家的思考者”不能成事的原因所在。

机会就是在不断权衡中错过的

我在很多地方都提到过周先生的例子。他是我的朋友，也曾是我的同事。我们在洛杉矶一家化妆品公司一起卖了两年化妆品，离开化妆品公司后，又一起开公司，做广告传媒和思维培训的业务。周先生具有卓越的头脑，他是公司的“军师”，是我的智囊，也是一位思维活跃的“创意大师”。他总能从不同的角度思考那些不容易解决的问题，然后突然想到别出心裁的创意，为公司的发展提供了很大的帮助。

2004年春天，周先生忽然找我谈话，说：“我想，我们已经到了离别的时刻。”他告诉我，他准备从美国回到北京，自己开一家传媒公司。我当时非常吃惊，完全没有心理准备。但我和团队成员尊重他的选择。

周先生是一位商业创意方面的天才，他对中国的文化行业做过长期的研究，并有独到的见解，这是与他共同工作过的人都知道的事情。他认为自己应该回中国发展，因为用不了几年，中国的文化行业就将迎来春天。

他对我说：“在未来，中国的文化行业总产值会很惊人，我认为这时介入是最佳时机。我的第一步是投资影视业，寻找一些富有才华但没有资金的年轻导演和编剧，拍摄一些优秀的小成本电影，用先进的营销方式占领市场，获得口碑。等在市场上站稳脚跟以后，我还有更好的计划。”

周先生离开美国后，我们有一年多没有再联络。直到2005年秋天的一个凌晨，正在睡觉的我迷迷糊糊地接到了他的电话——他回到了美国，此时正在洛杉矶机场。周先生又回来干他的老本行，完全放弃了在中国的事业。

当我向他了解情况时，他苦笑着说："想法很完美，但一直在拖延。回中国后我们一直在做筹备创建公司的各项工作，用了几个月。其间我们也遇到了不少很有市场潜力的剧本，其中有一个剧本的市场反应很好，不少公司都在竞价。我准备考虑一些时日再出手，剧本就被别的公司抢走了。不少机会都是这么流失的。"

"然后呢？你可以改正这些操作思路。"

"我错过了最佳时机。投资人没有给我机会，几天前宣布撤资了。"

对于这个结果，我并不感到奇怪，反而长吁一口气，因为这与周先生的行事风格相吻合。虽然周先生有优秀的创意能力，但他并不是一个能够乾纲独断的人。用本书的主题来说，他具有丰富的知识，但缺乏干事情的魄力。当然，"权衡利弊"并不是缺点，它是一个人获得成功的基本品质之一。不过，当这种品质体现在花过长时间去思考时，就会影响行动的能力，严重地削弱"实现目标"的可能性。

基于这一点，我在公司的日常管理中不太关注那些思维活跃但行动力差的员工，而是重点关注创造力较差但执行能力很强的员工。他们或许没有天才的大脑，但做事踏实，执行到位，并且做事的时候没有杂念，很少临时跳出其他想法。所以，在公司的会议上，我常对员工说："你们每天要拿出70%的时间行动，只需要用30%的时间去思考。"

在我看来，大部分成功者都是能够快速行动、尽一切努力去干事情的人。那些每日在大脑中思考各种得失、权衡各种利弊的人，最后很难避免失败的结果。因为一直想却不敢去干，就很容易沦为空想。虽然善于思考是一种优秀的习惯，但要切记：永远不要让自己成为那种“想得太多而做得太少”的人。

通过本书，我希望每个人都能理解并建立做事的一个原则：无论懂得多少知识，胸中有多少让人激动的伟大设想，都必须先干起来，而非坐在沙发上空想。一位参加了阿富汗战争的美军士兵在接受采访时说：“我的保命法则很简单，先开枪，再瞄准。”可见，我们必须先行动起来，再去思考解决问题的最佳策略，因为今天的社会留给我们充分思考的时间已经越来越少。

本书适合哪些人阅读？

当培训课程在美国西部地区全面展开后，许多学员并不同意我们的课程理念和培训方法，纷纷表示抗议。他们觉得极端强调行动的人生理念太过功利了。比如，俄勒冈州立大学的高才生，来自哈尔尼郡的凯泽尔就曾在互联网上发帖抱怨说自己“遇到了一位喜欢修理人的东方老师”。他认为人生应该留有享受生活的时间，以及做出不同选择的机会，也就是必须有足够的自由去思考。

“但是，现在您的做法太残酷了。这是一种压迫，让人失去了生活的乐趣。因为不是每个人都梦想成为强者，也不是所有人都渴望成功。比如，我的理想是环游世界，而不是成为‘工作狂’。”

几天后，他来到我的办公室。我和他之间有了一次简短的对话。

“告诉我，你什么时候有了环游世界的梦想？”

“大概10年前吧。”

“现在你的计划实现了吗？”

这是关键。但凯泽尔回答：“还没有，不过迟早会的。”

听！他说“迟早会的”，然而在10年的时间里都没有去做。也许他在这段漫长的时间里为自己的旅行制订了无数个计划，但它们至今仍然仅停留在他的大脑中，没有去落实。是谁偷走了他的时间呢？在沟通中，凯泽尔竟然责怪自己的母亲：“我的妈妈有很大的责任，她用无数的假期任务占用了我的时间，所以我始终没有时间出去旅行。”

在生活中，很多人都像凯泽尔一样，并没有将自己身上严重的“拖延症”当回事，甚至完全没有意识到这是一种不良习惯。无论做什么事情，要么迟迟不行动，要么在耽误了时间后随口说一句：“算了，下次再说吧！”在针对本书受众的调查中，我们在美国对近2000人做了问卷调查，其中有1400多人承认自己有过这样的经历——他们并没有将拖延当成一个严重的问题。

在正式开始阅读本书之前，我们可以回忆一下自己的人生经历：有没有对自己或他人发过一些“非常豪迈却没有实际行动”的誓言呢？有没有花费很多的精力制订一些想起来就激动人心，但很快就扔到一边，从来没有启动过的计划呢？

如果你有过这样的经历，那么本书很适合你阅读。我不仅会在本书中指出造成这些问题的心理根源，也会帮助你学习针对不同环境制定解决问题的不同策略和方法。我们每个人——包括我自己，都可以在阅读本书的过程中，真正懂得如何改善自己的思考和行为模式。

Part1
想成事就必须敢于做事

面对太多选择，我们往往无所适从

在上班的路上，公交车和地铁拥挤不堪是一种常态，能找到一个座位坐下来简直是让人惊喜的事情。然而，如果有许多空座位，会出现什么情况呢？人们冲进空荡荡的地铁车厢时，经常会有一些犹豫——到底要坐哪一个呢？如果只有一个选择，我们的想法就非常简单：抓住机会，抢占空位！在面对很多选择时，我们往往有些茫然和手足无措。

劳恩·W.马修斯是出身于加州理工学院的高才生，2011年在伯克利创建了一家科技公司，从事人工智能领域的研发工作。2015年，他对公司做了一次深刻的变革。他交出了约80%的日常管理权，把重心放在了思考如何保护环境上。马修斯说："思考是一项技术活，好的计划不是随便做出来的。"他过去5年的经验和教训就能说明问题。

他创业的想法来源于观看电影《黑客帝国》后的冲动，他对技术的未来有深切的危机感，常因机器的道德问题感到困惑。公司成立前的两个月内，马修斯和朋友、投资人等组成了一个团队，讨论了种种愿景，列出了很多想法——事业的、生活的、人类未来的，他们深感重任在肩。

公司成立以后，马修斯就陷入了无休止的思考和决策的困境中。在"信息大爆炸"的时代，他感觉自己做不了任何决定。难道是由于他比大部分人更清醒，能够产生别人无法产生的绝妙的思维火花吗？也许是的。然而，他虽然有聪明的大脑，却是一个不会整理工作头绪的人。在掌握公司的4年多时间里，他始终没能落实自己的想法。

信息的洪流让他身陷泥潭。从他睁开眼睛的第一秒钟开始，他就没有停止过选择：

·他要查看助理送过来的会议记录，上面记载着昨天与下属开会时“吵架”的成果。

·他的手机响了，订阅的免费电子刊物向他打招呼。

·早餐后要阅读大量的电子文档和表格，还要回复一大堆邮件。

·他要抽出至少半小时时间去自己常浏览的网站和论坛看一看，把自己感兴趣的信息收藏起来，虽然他永远没有时间再回头去看。

·他要按时更新自己在社交媒体上的状态，告诉朋友们自己想做什么，以及与陌生网友探讨技术社会的未来。

·到了晚上临睡前，他必须再次查看邮件并及时回复。

…………

这些重复的“动作”让马修斯感到筋疲力尽。为什么无法把想法落实到行动上呢？为什么总是不能执行计划呢？是哪些因素在干扰自己决断？马修斯说：“罪魁祸首就是信息本身。这就是为何成功者几乎都是一些‘头脑简单’的人，他们懂得如何屏蔽无用的思考，不被过多的信息干扰决策。”

在收集信息和决策的过程中，有太多的选项会让我们朝三暮四，不停地修正自己的想法——向左走，还是向右走？这个计划不错，那个想法也有道理，那么，到底该怎么做？

在信息时代，假如有一天我们没有查阅邮箱，会感到内疚吗？假如我们没有参考数据库提供的丰富信息就拟订了行动计划，会感到不安吗？如果精力总是被海量的信息牵制，我们的大脑就会被诸多思考填满，感觉精神疲惫。日益超载和应接不暇的信息，反而让人无所适从。

为了检查自身信息过载的状况，大家可以先回答下面三个问题：

问题一：在搜集和接受信息时，你是否考虑过这些来自不同渠道的信息到底有多大的价值？

为了解决问题，我们会从不同的渠道，用不同的方式搜集信息。手机和电脑上跳出来的，朋友和客户发来的，新闻媒体上报道的，信息来源五花八门。但是，这些信息到底对我们有多大的帮助？在评估信息的价值时，不要把金钱收益放在第一位，要重点评估它们带来的机会。

问题二：你统计过自己在这些信息渠道上花费了多少时间吗？

我们在这些信息渠道上花费的时间是一星期还是一个月，或者仅用了几个小时？对需要解决的问题来说，这个时间是多了还是少了？从最终的收益来看，这些投入是否值得？或者说，是不是信息多得让我们连统计它的时间和精力都没有？假如我们在信息海洋中畅游五个小时，仅仅是为了解决一个过去只用五分钟就能解决的问题，这个代价就太大了，因为它严重影响了我们做出最终判断和采取有效行动的能力的发挥。

问题三：你是否在隔一段时间后，回头总结过这些信息给自己带来的影响，不管是积极的还是消极的？

现代人有一种“疾病”，由于工作和生活节奏加快，每天忙于思考和处理各种事情，时间被一再压缩，于是很少总结和反思自己过去一段时期的“行动效能”。我们没有想过在刚刚过去的一年中自己接触到的所有信息给自己造成了哪些影响，也不会认真考虑为自己建立一个信息分类系统。

现在，我们需要根据自己的需求，严肃地思考这个问题：哪一类信息值得自己花费时间和精力去阅读？缺乏这些信息又会如何？我们不仅要评估信息的实用价值，不管是工作的、消费的还是生活的，而且要对它们进行量化管理。这是我们尽可能让自己保持理性的重要步骤，也是我们找到行动力下降的根本原因的途径之一。

凡事总往坏处想会导致不敢去尝试

从复旦大学毕业的年轻人廖先生从小就被长辈寄予厚望，大家认为他是一个成熟稳重的人，对他的未来充满期待。但廖先生本人并不这么看，与亲朋好友的乐观相比，他认为自己其实是一个很悲观的人，只不过他把悲观和消极都藏在了心里。

廖先生说："我是一个谨慎的人，从小到大就这样。我干事总是会考虑到方方面面，对做每一件事都会力求绝对安全。我会干在下雨天冲到院子里捡起一本被雨水淋湿的书这种冒险的事吗？不，即便是这样的事情我也不会尝试。我脑海中的第一个念头是：'天上会打雷吗？雷会击中我吗？有多大的概率是我倒霉而非别人倒霉？'你看，我总是容易往坏处想，即便现状比较乐观，我也会想到会不会突生变故。请问，有什么方法可以让我别再胡思乱想呢？"

廖先生的生活充满了消极。他总是过度思考，不是担心这个，就是担心那个。这种行事风格的优点是能够三思而后行，似乎没有他想不到的事情，可缺点也非常突出。他毕业两年来没有多大的作为，连主动谈恋爱的勇气都没有，因为他害怕被女方拒绝。

我在长期的咨询工作中发现了一个普遍现象，即凡是勤于思考而疏于行动的人，都存在“畏惧”心理。他们怕被别人瞧不起，所以索性不去做；怕说错话，因此干脆不说话；怕失败，于是什么都不敢干；怕上司不高兴，于是把该提的要求藏在心里。实际上，他们担心的这些事情或许并不会发生，是他们臆想的可怕结果绑住了自己的手脚。

马修斯讲了20世纪90年代发生在好莱坞的一个故事：

有一次，影星史泰龙听说对手戏演员以前是个职业拳击手，体格非常强壮，而这部戏中有大量搏斗的情节，于是心中十分忐忑，开拍前一夜都在辗转反侧。由于当时的他已经功成名就，早已过了“拼命”的年龄，所以他害怕“破相”。所有的人都告诉他这个演员的功夫很好，下手特别狠。甚至有人传言说，著名的“硬汉”汤姆·汉克斯拍戏时也被他打伤过。

听到这些传言后，史泰龙更担心，去片场之前，他一度产生了请求导演删除这个剧情的想法。当然，史泰龙最终战胜了内心的懦弱，当他与那个演员见面时，才发现对方是一个性格温和、很好打交道的人。在俩人拍戏时，对方也特别注意自己的动作，并没有发生不好的事情。

这种恐惧心理造成的不利影响，往往比我们畏惧的那个可能会发生的事情更加可怕。消极思维就像超级流感病毒，一旦在我们的身体中扎根发芽，就会产生一系列连锁反应。它起初只是让我们感到担心、胡思乱想，慢慢地会让我们放弃行动，在工作和生活中变得畏首畏尾。在这种情况下，即使我们很聪明、懂得很多，也很难取得任何成果。

在思考和行动的过程中，当我们总是对结果持沮丧态度时，即使自己有很多美好的想法，也无法将其变成现实。消极思维会使我们无法体验到创造和期待的乐趣。我们每天都会活得非常拘谨，想得多、干得少，甚至根本就不去干，因而很难成功。

马修斯在总结过去几年的管理生涯时说："我从早晨醒来到晚上睡觉，始终紧张焦虑，备受心灵痛苦的折磨。"他情绪低落，压力很大，也不相信自己可以战胜眼前的挑战，对未来感到悲观。一个人如果处在这种状态中，就会"怕什么来什么"。思想越消极，就越不敢干、干不成。

对自己要求太高并不利于行动

公司刚成立时，我们很兴奋，每个人都热情高涨、斗志昂扬，准备大干一场。在团队举行的旨在开拓市场的会议上，大家提出的各项思路和计划足足写满了几十张A4纸，还有源源不断的新想法被提出来。当时，我们的团队组建工作在如火如荼地进行着。

为了拿下洛杉矶"城市广告"的项目——这是公司建立后的第一项业务，我们迅速确定了落实这项业务的人员。他们中的一些人和我一起做了数年的化妆品销售工作，擅长营销，但他们对传媒行业和广告创意了解甚少，甚至有的人一无所知。但是，这并不能阻挡他们的热情。

我和几名管理人员在会议上向全体员工保证并立下军令状，要打好这场至关重要的战役。"没有任何借口，我们必须虎口夺食，抢下这个项目。"我说，"只有打好这场战役的第一枪，才能在加州（加利福尼亚州）的广告业立足，否则我们又要搬回老地方卖化妆品去了。”我们成功地做了动员，虽然实现目标的难度非常大，但是我信心很足。

不过，公司的合伙人史密斯突然从华盛顿给我打来电话说：“出来喝点吧。”

当时正是半夜，我惊讶地问：“现在没有航班去DC（华盛顿）了吧？”

“我已经在楼下了，朋友。”

实际上，史密斯在一星期前就到了洛杉矶，住在自己的公寓里。他之所以没有提前通知我，是因为他觉得自己的一些想法尚不成熟。他开车接上我，说带着我到郊区兜风。我们上了高速公路，一直开到旧金山，才下车找了一家安静的咖啡馆。我们两个人坐下来时天色已大亮。史密斯说到了正题：

“我们有一个雄心勃勃的计划，我知道，也赞同；我们正准备大展身手，我也知道，也支持。但是朋友，我得知了一些或许对我们不利的消息，这个项目甲方的负责人昨天给我发了一封邮件，他看了公司在上个月底交付的广告方案，赞许了我们公司的创意。你知道这意味着什么吗？”

“我想是公司的方案打动了他。”

“是的，我们的方案好极了，整体设计风格突出了洛杉矶市的光荣历史，还请了几位明星助阵拍摄城市宣传片。但是，这也说明该方案与甲方削减预算的要求背道而驰，如果我们不降低标准，这个项目我们100%拿不下。”

一个完美的想法虽然可以赢得别人的赞许，但往往也会增大失败的概率。这种奇妙的现象在我们的工作中也经常发生。我发现，目标制定得越高，对客户的要求越高，结果往往就越不能如愿。这是我在创业之初最深刻的感悟。

许多人都有非常远大的理想，对自己要求很高，制定目标时也追求高难度，行动起来竭尽全力，必须让自己满意才行。但正是这种苛求甚多的心态，让他们的想法无法落实。如果不适当地妥协，美好的理想往往就会化为泡影。

追求完美会严重影响行动的效率

回到洛杉矶后，史密斯、普利斯和我一起对公司的业务计划提出了一些重要的建议。这些建议后来被我总结成了“三不”原则：

· 不要苛求细节的完美，先干起来再说。

· 不要给客户最贵的设计，省钱永远是要坚持的第一原则。

· 不要制订不切实际的计划，脚踏实地方能长远发展。

一方面，细节是必须追求的，但作为一家初创公司，在实力不足时应该优先追求效能，而不是在细小的环节上浪费太多的资源。这个标准对于个人来说也适用。我们在细节的思考上浪费的时间越长，对最后的结果往往越不利。

另一方面，处处追求完美的人往往喜欢按照原则办事，会忽略他人的感受，强制他们接受自己的想法；或者自以为是，没有考虑到现实的需要。这就使他们在为人处事上欠缺一些柔性和灵活性，观点不容易被大家接受，常常做无用功。

不少人向我抱怨自己糟糕的人际关系和怀才不遇的工作现状时，我都能从他们身上发现或轻或重的完美主义倾向。同时，他们对自己的要求也十分严格，不容许自己犯一丁点儿错误。这种性格和行事风格往往无法使自己顺畅地将想法落地。

没有“必须这样或那样”的事情

我在20岁左右时，脑海中总是在想“我必须干成某个事情”，或者“事情必须像我想象的那样发展”——“必须这样”“应该那样”以及“不能接受”等用语是我的口头禅。我鄙视妥协，痛恨中庸，坚持原则，追求得100分，是个理想主义者。

年轻时，我们都有过这种固执的心态：事情的进展一定要顺利，结果一定要如意，否则就不能接受。完美主义心态经常导致我们有这种偏执的想法。有些事情我们明明做不到，但对自己提出来的要求一点儿都不低：做不到也要做，绝不能打折扣。

由于追求完美，我们就会对现状感到不满，有时内心积压着怒火，情绪波动很大，脑子里全是一些偏离了方向的没用的想法，最终导致自己讨厌行动。“既然现实不如意，干脆什么都不干了。”这是很多人时常产生的念头。当我们对别人不放心时，就会事事亲力亲为，搞得自己又忙又累也无法完成既定的任务——看起来很忙、很累，其实没有取得多少成果。

废掉自己的三种“隐形”习惯

这些年来，正对着我办公桌的墙上贴着一条标语：“我无所事事地度过的今天，是昨天死去的人们所奢望的明天。”这是哈佛大学图书馆的一句训言，以警示人们不要被懒惰与拖延的意识绑架自己的大脑和身体。

我们每个人的身上都有很多坏习惯，例如懒惰、推卸责任、拖延等，这些习惯就像麻醉剂，不知不觉地稀释了我们的思考，阻滞了我们的行动，让我们失去了危机感，随着年龄的增长也就消磨掉了自己的奋斗精神。可以说，这些习惯是废掉自己的隐蔽方式。

拖延让美好的计划成为“折磨”

对任何人而言，做事情拖拖拉拉都不是一个好习惯。当我们遇到任何问题都习惯于“等一等再说”时，我们就很难干成任何一件事。

我常对下属说：“好计划到处都有，我们也随时都有各种各样的好想法，但这不等于能力。能力是我们不但有好想法，还能及时把它实现。一旦我们产生了‘等一等再说’的念头，这种拖拉的状态可能很难被调整过来。”

拖延不仅使我们无法按时完成任务，还会给自己带来巨大的精神压力。为什么很多20岁时才华横溢的人到了30岁却已经失去了干事的热情与耐心呢？原因就在这里。

来美国留学的小徐曾到我的公司短暂工作过5个月。他是一个特别有想象力的年轻人，到公司后不到一个星期就对市场部的工作提出了自己的想法——他针对部门的工作方式写了一份改进方案并交给了他的上司梅。

时任部门主管的梅（Mei）有一半的中国血统，她看了小徐的方案后很认可。她非常了解年轻人积极上进的心理，就把那份方案转发到我的邮箱。在不到3000字的内容中，小徐一针见血地指出了自己的同事与市场脱钩的工作陋习，希望公司做一次全方位的改革，增加基层员工到一线实践的机会，否则公司的创造力早晚会枯竭。

虽然这个建议并没有多少奇思妙想，却指出了公司的一些部门在当时积久成疾的问题。一个年轻人初入职场就敢这么直言不讳，着实令我兴奋。经过管理层的简单交流，一个月后，我破格任命小徐为洛杉矶地区市场部副主管，与梅一起对他提到的这些问题进行一次根本性的调研，然后拟订详细的计划，再做有针对性的调整。

一个月后，当我向梅询问这次内部改革的成果时，她却无奈地向我汇报：

“并没有什么进展。”

“为什么？”

“小徐迟迟没有拿出具体的执行方案。”

作为考核的一部分，这次试验的失败基本葬送了小徐在公司的前途。他可能是一个思维活跃的人，能够精准地发现问题，但他做事拖延和后继乏力的性格，决定了他不是一个可以担负大任的人。事实上，在这个过程中，他也饱受自己这个缺点的折磨。因此，在公司工作满5个月后，他主动提出辞职。因为坐在市场部副主管的位置上又拿不出像样的成绩，他自己也感到心灰意冷、非常痛苦。

懒惰只会“催眠”自己的思考

懒惰是“居家的思考者”的主要特点之一。他们喜欢只说不做，即便开始做了，也是一再拖延，不能迅速、高效地完成任务，也无法集中精力思考一些重大的问题。也就是说，他们不仅“做不到”，还“想不到”。

对懒惰者来说，思考既是安眠药，也是催眠的音乐。当他们开始思考时，第一个反应就是困倦。他们会一直处在思考中，而且一旦思考开始，就无法停止，但就是没有真正去干点什么。

借口是“做不到”的天然庇护所

有的人成功了就想办法证明自己早已胜券在握，一旦失败或不如意就喜欢给自己找借口。爱找借口的人普遍存在，因为他们渴望成功，不愿意承认失败。他们在遇到困难时，首先想到的不是“我要想办法解决困难”，而是“我要找个理由遮掩自己的平庸”。但他们或许没有意识到，这个坏习惯是妨碍自己成功，导致自己失败的罪魁祸首。

一次，著名思维学家吴甘霖教授在总裁培训班上对一百多名“老板学员”做了一项调查。

他对学员们提的第一个问题是：“你们最不愿意接受哪一类员工？”按人数多少排名，答案如下：

· 排名第一：工作不努力且爱找借口的员工。

· 排名第二：损公肥私的员工。

· 排名第三：斤斤计较的员工。

· 排名第四：华而不实的员工。

· 排名第五：受不得委屈的员工。

他对学员们提的第二个问题是："你们最喜欢什么样的员工？"也按人数多少排名，答案如下：

· 排名第一：能够主动找事做的员工。

· 排名第二：通过思考和创造方法提升业绩的员工。

· 排名第三：从不抱怨的员工。

· 排名第四：执行力强的员工。

· 排名第五：能够为公司提供建设性意见的员工。

两个问题的调查结果都显示，遇事爱找借口的人，即便他再聪明，也不受老板欢迎，几乎在任何企业中都没有市场。只有那些遇到问题敢于主动站出来寻找方法、思考行动策略的人，才是最受器重的优秀人才；也只有这样的人，才能真正成事！

思考能力的深度和广度决定了一个人在采取行动时的"结果属性"——我们思考的效率与贯彻计划的能力使自己在经营生活和事业的过程中被分出了高低。从一个人出生起，他的大脑中就有了思考的基因——随着他的成长，他要不断地做出选择，开拓自己的视野，磨炼自己的性格，积累自己的能力值。

一个人在16到25岁之间，就会开始思考自己如何才能成功，如家庭的成功、事业上的成功等。他会想到自己未来的很多可能性，然后有针对性地制订计划，思考如何干成这件事。但也就是在这个时候，他会明显地感受到自己受制于某种局限，很难实现一些既定的目标。许多不良的习惯在束缚他的手脚，让他的潜能无法全部释放；许多性格上的弱点开始干扰他的思考和行动，让他总是事倍功半，做事的效率很低。

对于不少人来说，他们终其一生可能都摆脱不了下面的这些坏习惯：

· 喜欢争论，很少行动。无论是在生活还是在工作中，都积极参与争论，擅长提出各种各样的反对意见，但是在行动时却看不见他们的影子。

· 虚荣且总是抱怨。很少反省自己的错误，为了维护自己的面子，经常把责任推给别人。例如："事情没做好，不关我的事呀！我早就想到这么做会出事，但没人听我的！"

· 从不接受批评。认为自己的一切想法都很有道理，并且喜欢强加于人。他只接受别人的赞扬和肯定，他人休想批评他。

· 敏感而自卑。过于在意旁人的看法，内心脆弱且瞻前顾后，很容易受到意外因素的影响而方寸大乱。

· 目光短浅。用大部分的精力盯着短期的利益，对未来没有清晰的判断，也没有长远的规划，平时所想和所做的，都遵循着"走一步看一步"的思维。

· 懒得去做。即便偶尔有一些不俗的见识，也懒得去做，只习惯于高谈阔论，很少采取实际行动。

· 做"非黑即白"的极端思考。在思考问题时会倾向于两个极端，对一种事物不是神圣化，就是妖魔化，黑白分明，非此即彼。

这些坏习惯的存在，导致他们即便有一些了不起的想法，也不能把它们变成现实，因为他们的行动总是会出现偏差，在做事的过程中容易误入歧途。

平庸者由于有这些习惯而继续平庸，空有梦想却不能实现；许多成功者也由于没有改正上述缺点，获得的成功也会在这种错误的思维和行为模式的主导下慢慢地失去。

缺乏意志力是成事的最大障碍

我发现有不少年轻的创业者都喜欢到权威的专家那里寻找自己人生的答案，听取他们对于将来的预测。比如预测和计划自己在将来20年内的人生路：“我能干什么？我该怎么干？请告诉我好吗，我一定按您的建议去练习！”特别是在遇到困难时，他们就更没有自信，如果找不到精神支持，他们就可能止步不前。

有时候我会问一些人：“说说看，你有什么想法？”这个问题难不倒他们。比如我到北京与中关村一些年轻的创业者见面，或者去别的地方见一些人，经常对他们“富有创造力的想法”感到震惊。这些年轻人充满活力。

我们在一起谈得轻松而愉快，但是，隔一段时间后，当我询问和了解他们实现这些想法的进度时，却发现有一多半的人早早就放弃了——他们在执行中遇到的不过是微不足道的困难，多数困难都是坚持几个星期乃至数月，想些办法就能解决的。不过，他们中的一些人仅仅坚持了

10多天，便垂头丧气地放弃了要做好这件事的念头。要知道，那可是他们准备了数年的计划，就这么轻易放弃了。

我在洛杉矶做化妆品销售时，有一位名叫帕克的同事。我们几个中国人私下里都称呼他为“怕上课”，因为他最害怕三件事：

第一，怕老板给他安排任务。

第二，怕老板叫他去办公室。

第三，怕财务人员给他发工资。

把这三件事联系在一起我们就知道，帕克是一个害怕接受任务的员工。他害怕公司给他制定过高的目标，因为他是那种做任何事都喜欢慢慢来，不愿意挑战压力的人。所以，我们觉得可以轻松完成的月销售目标，在帕克看来就是一个非常严重的、足以让他失眠的大麻烦。他解决问题的能力比较差，挑战困难的动力也不强。于是，每个月总是有那么几天，老板会把他叫到办公室。当然，老板不会表扬他。帕克每次都无比沮丧地走出老板的办公室，当月的工资也会被扣掉大约一半。

对帕克来说，做这份工作就是一种折磨——每月只能拿到一千美元左右的报酬。虽然这些钱不够家庭开支的三分之一，但他竟然做了足足两年，从来没有离开的念头。这真是一件不可思议的事情。有人问他：“嘿，帕克，你为什么不跳槽呢？”他长吁短叹地回答：“工作不好找，我没什么信心。”我们在他的脸上看到了两个字：害怕。

他不但害怕面对工作中的挑战，而且害怕失去现在的工作。在这种怯懦心理的主导下，他做任何事都畏首畏尾，思考和做任何事都追求“安全第一”。

缺乏意志力，是成事的最大障碍。

假如我们的心理很脆弱，而且家庭经济条件不好，没人做我们的后盾，工作和生活的压力非常大，就很容易放弃自己的想法，听从别人“好心”的劝解。如果我们每天都是按照他人的建议做选择，总是违背自己的意愿，那么到最后，我们很难做出一些成绩——不管是经营一家公司还是做好自己的本职工作，甚至是打理自己的生活，我们可能都没有拿得出手的成绩。

对未来有期待并勇于挑战困难的实干家，一定要像美国“股神”巴菲特那样——在困境中保持克制，并做出自己的判断，不害怕，不逃避，但也不冒进。在咨询工作中，我曾多次向别人讲到巴菲特的例子。我说每个人都要学习和分析巴菲特，看看他是如何应对市场恐慌，以及怎样在困境中巧妙地抓住机遇的。

很多人容易被眼前暂时的挫折吓倒，到最后往往无法实现自己的目标。挫折对于他们而言就像是“情绪瘟疫”，一旦染上就会传染给整个群体，很难治愈。

有时候我会去了解下属在想什么，看看他们是如何对待困难的。结果发现，大多数员工对工作的信心源于老板，而不是他们自己。当老板对市场的变化表现出充分的驾驭能力时，员工也会充满自信；但是，当老板不告诉他们该怎样做，而是由他们自己判断时，许多人就会表现出茫然与畏难的一面，很难独立地解决一些颇具挑战性的困难，总是希望别人给予自己信心。

而巴菲特是什么样的人呢？他是一个绝不退缩的人，能在长达几十年的时间跨度中坚持自己的理念，用坚实的行动一步步落实这些理念。所以，巴菲特是一个能够“做到伟大”的人，而大部分人只是想想就放弃了。

缺乏意志力会让我们在最后时刻输得“一无所有”。对于那些没有坚韧意志力的人来说，他们有很多好想法，却总是不敢迈出第一步，也没有坚持到底的决心和勇气。多数人之所以失败，不是因为没有想到困难或问题，而是因为在即将战胜困难时选择了放弃，成为那些赢家的陪衬。他们同样不具备独立的判断力，总是被残酷的现实驯服。

恐惧是挡在机遇面前的障碍，我们越想放弃，机遇就越不会垂青于我们。有些人面对糟糕的市场胆战心惊，对工作的前景也倾向于持悲观的态度，于是连非常正确的常识也不敢相信。但是，越是在这个时候，越要保持勇气，相信自己的智慧和判断。就像这些年来始终秉持“在别人贪婪时警惕，在别人恐惧时贪婪”原则的巴菲特一样，我们只有敢于在众人纷纷撤退时继续坚持下去，才能抓住那些千载难逢的机会。

Part2

拥有无所顾忌的强势思维

信息超载使我们产生许多无用的想法

在当今的社会，我们的大脑面临着前所未有的挑战。这也许是历史上最开放、最多元的社会，但同时或许是人们的价值观最混乱、心态最浮躁的社会。我的合伙人史密斯用一句话描述了这个时代一些人的特征："我们好像知道自己什么都能做，但好像什么都做不成。"

需要注意的关键问题是——我们必须定位自己的需求，思考自己需要做什么。就是在这个关键环节，很多人犯了错误。在信息泛滥的今天，我们眼前随时出现的海量信息提供了太多的"假需求"，让我们产生了太多无用的想法，这时刻影响着我们思考和做事的效率。

通过移动互联，海量的信息像潮水一样冲击着我们的大脑。这些信息为我们的生活带来便利的同时，也容易干扰我们的思维。"信息过多"也会带给我们困扰。由于这些信息真假难辨，它既给我们传授了知识，提供了参考，也会带来一些"副产品"——干扰我们的思考和决策。在光怪陆离的信息世界中，人们产生了大量无用的想法。从孩子到大人，从小摊主到写字楼里的白领，人人都拿着一部智能手机，随时随地浏览世界各地的信息，并且随时随地通过社交平台与他人交流。我们会发现，每个人都懂得很多，但这些"知识"对自己似乎又没多大用。

刘女士在北京的一家科技公司工作3年了，她的人生目标是买房置业，凭自己的努力在北京定居。作为一个女人，她不想像其他人那样依靠未来的丈夫，而是自己努力买房。这当然值得称赞，但对于许多大学毕业没多久的年轻人来说，这似乎是一个很难实现的理想。刘女士也深知现实很残酷，她未必就能如愿，因此她每天都考虑如何加快实现目标的步伐。

“也许会有一条捷径？”她说，“我知道实现这个目标很困难，谁不想留在北京呢？但每月拿一万元的工资在这里不算多，50年后也买不上房子。所以我必须好好想想，怎么才能让这个计划更靠谱一点儿。”

刘女士上网搜索了一些信息，她准备利用闲暇时间兼职做些副业，增加自己的收入。同时她还不断地调查、了解其他公司的情况，看看同行业内有没有工资更高的去处。她的出发点虽好，但是当许多信息摆在面前时，问题就变得有些复杂了。

首先，虽然她当前就职的公司发给她的工资不太高，但由于这是一家初创公司，未来的成长前景很好，跳槽未必是最好的选择。不过，有几家公司提供的工资太诱人了，几乎是现在工资的两倍多。

其次，有不少兼职工作可以做，待遇也不错，但会占用较多的时间，影响她的主业。

再次，她从互联网上看到了其他人的不少建议，例如通过贷款的方式购房，但她又担心经济负担太重。

类似的选项，刘女士列了不下10个，最后她犹豫不决，不知道应该怎样做选择，采取怎样的行动。看起来没有实现目标的可能。于是她感叹：“当参考项很多时，我好像不知道该怎么办了。”

有很多人会以拥有强大的思考能力和处理庞杂信息的能力而自豪，但思考过多以及能同时处理许多信息是一件好事吗？显然未必是一件好事。或许我们最需要警醒的不是信息太少，而是选择太多。

如果刘女士只有一个选择——在公司好好干下去，她或许就能够全神贯注地将工作做好，与公司一起成长，升职加薪，几年后就能凭借自己的元老身份而变得举足轻重。到那时，她实现自己的人生目标显然是小事一桩。可当供她参考的信息太多时，面对无数的选择，她的判断能力就会大大削弱，也许采取的行动也是错误的。

因此，在信息大爆炸的时代，我们想要切切实实地做好一件事，就得先“简化”自己的思考，养成过滤信息和精确思考的习惯。

史密斯说：“为了提高思考的效率，筛选信息至关重要。”他给出的建议是——把关注的重点放到“有用的信息”上，不要关心那些与主要目标关系不大甚至无关的信息，即便是最好的朋友、老师给我们的忠告。如果这些信息不符合我们的需要，就要果断地屏蔽，别在上面浪费太多的精力。“我们真正需要的‘有用的信息’少之又少，可能只占每天接触到的信息的1%甚至更少，如何把它们筛选出来，才是最重要的环节。要结合自身的情况确立一些原则，在过量的信息中发现那些有用的东西。”

删选并获取最有价值的信息

我们要用“最少的精力”获取最有用的信息，缩短做出正确决定的时间。比如，我们经常在互联网上买东西，在搜寻自己需要的商品信息时，就要保证少受其他类别的商品信息影响，用较短的时间找到符合自己条件的商品，然后完成购物。但在现实生活中，做这种简单的事情也会由于信息过多而眼花缭乱，白费很多的精力。

在肯尼迪学院工作的佛莱妮女士就为此感到苦恼，她说：“我无法保持专注，即使在互联网上买一件面膜这种小事情，也会浪费好几个小时。我买了很多化妆品回来，却发现最想买的不在其中，过几天还要重复这个过程。”

思考和行动的低效，源于我们在次要信息上投入了太多精力，这是人们在“消费主义时代”和“信息时代”行为模式的主要特征。“接下来我要做一件事情，但重点是什么？”这个问题时刻存在，但它不那么容易解决。

重点关注自己需要的信息

我们要重点关注那些“需要关注的信息”。以佛莱妮女士为例，她应该做的是如何在海量的检索结果中找到自己需要的信息，而不是在不断地点击鼠标中浪费宝贵的时间和精力。

我对她说：“当你知道电脑是造成效率低下的元凶时，可以安装一些工具屏蔽一切弹窗广告。这能解决部分问题。同时你还可以在准备购物前写一个基本的清单，比如‘我只准备买一件保湿的护肤品，别的东西看也不看’。”

这能起到提醒的作用，让思考和行动的过程更简化，节省一些时间和精力。要想长期保持对信息的精确管理，防止那些无关的信息成群结队地过来打扰我们，我的经验是，必须为自己设立一个重点关注的方面。除了重点关注的方面，不要再关心其他任何东西。

例如，我平时最喜欢看财经新闻。每次使用互联网时，我的主要兴趣是了解世界各地最新发生的财经事件。这些信息对我很重要，阅读和了解它们，然后把它们转化成自己的知识，对我的工作很有帮助。那么，我在做筛选信息的工作时就会对财经信息保持关注，坚持养成重点浏览财经新闻的习惯，防止其他领域的信息挤占我太多的时间。这样我们就能用最快的速度找到自己关心的问题。

为自己确定搜集信息的目标

为了实现某个计划，我们需要搜集大量的信息。因此，我们不太可能逃避从四面八方涌来的信息的打扰，除非所有的电子设备都被我们废置了，否则这些信息总是会出现在我们眼前。就连我们在休息时喝杯咖啡的几分钟时间里，也能不经意地发现手机屏幕上跳出来一些信息，然后我们就会花更长的时间——可能超过半个小时——沉浸在这些信息里。

要想避免这种情况，我们可以为自己确定搜集信息的目标——不管是长期的还是短期的，这个目标应该要服务于我们的思考、决策和指向明确的行动，帮助我们完成重要的事情。这是割离无用信息的一个有效方法。

· 我们可以用专门的工具订阅一些经过过滤的信息。这样一来，呈现在我们面前的就是专业、有用且指向明确的信息。

· 我们可以根据计划展开行动，主动收集工作需要的信息，并且规划好完成工作的时间，以免被无用的信息牵扯更多的精力。

· 我们可以明确收集信息和思考的步骤，使用“第一步，第二步，第三步……”这种容易操作的流程，并且不定期简化流程。

抛弃那些莫名其妙的杂念

日本著名杂物管理咨询师山下英子在她的书中系统地阐释了如何通过“断舍离”原则洁净自己的思考和实现高效的人生。

“断舍离”的实质是：采取决绝的行动舍弃不需要的物品，断绝多余的想法，摆脱对于它们不必要的执着。它的要点是，要思考自己真正的需求，看清哪些是重点，哪些是无关紧要的。

· 断：不接纳不需要的事物或思想，切断它们进入我们大脑的通道。

· 舍：舍弃没用的事物和想法，把它们从我们的房间和大脑中扔出去。

· 离：远离对于物欲和过度思考的迷恋，为自己创造宽松舒适、自由自在的空间。

“断舍离”原则的意义就在于：它能让我们达到一种清凉自在的境界，不被浮躁和功利的心态左右，做好对自己来说最重要的事情，从而让自己的人生更简单、纯粹。

其实，这有一点禅宗的意思。实现简洁与高效的思考，就要有一种禅宗精神，丢弃那些沉重繁杂的外物和莫名其妙的杂念，不要舍不得。同时要抓住自己最需要达成、让自己的感觉最强烈的目标，集中精力和注意力去实现它。

重点关注当下最需要干的事情

现在最需要思考和干的事情，才是我们关注的重点，其他的一切都可以忽略或者暂缓去做。

有一次，我看见一名员工史丹利坐在办公室里发呆，他手里拿着一支笔，眼神飘到了窗外很远的地方，而其他人正忙得不可开交。30分钟后，我从会议室回来路过他们部门，发现他还是这个神态，只不过换了一个姿势。我就让他们部门的经理过去跟他谈谈。

“嘿，史丹利，在忙什么？”

“头儿，上个季度的销售有些问题。我犯了错误，丢失了部门最重要的客户。”

“是的，我们已经讨论过了。”

“如果不是我填错了那个数字，客户不会毁约。”

“史丹利，我们是第几次说这个问题了？”

…………

史丹利是一名很较真的员工，两个月前的工作失误，他至今仍然耿耿于怀。那么，如果你是他的上司，你是否认同他这种过分自责的做法？站在他的角度，你是否也赞赏这种无法从犯错误带来的阴影中走出来的个性？我的看法是，既然错误已经发生，就要及时总结经验、吸取教训。当总结完成后，就必须立刻完成切割，否则“过去”就成了影响现在和未来的负面因素。

坚持遵循“断舍离”原则，也包括与那些消极的思想和惨痛的经历说“再见”，别让它们困扰我们现在的思考，影响我们接下来的行动。

“过去”是已经发生、无法重来的事情。没有人能改变已经发生的事，就像没有人能起死回生。因此，我们要尊重过去，忘掉过去，放眼未来。这是人人都知道的道理，却不是人人都能做到的。

是否需要相关信息才是重点

这些年我遇到了很多夸夸其谈的人，他们的知识面很广，对事物的认识也很深刻，却存在一个问题——当他们强调一件事情时，我并没有看到这件事情对现实生活或工作有什么实际的价值或指导意义。

有的人久久地沉沦于一段失败的恋情，幸福的过去如今变成了徘徊于他们大脑中的阴霾。然而，即使一段感情对他们的人生非常重要，却对他们的现在毫无帮助。

有的人花费很长时间学习炒股技巧，了解基金的知识，但他们并不去炒股，只是觉得自己想了解这方面的信息。

有的人喜欢为完成一份工作做大量的铺垫——收集信息，制订计划，调整状态。在这个过程中他们学到了很多知识，却一直没有继续付诸行动。

类似的情况都属于“无关的信息对生活或工作构成了干扰”，从而影响我们思考那些真正重要的事情。虽然有些东西对我们的工作或生活很重要，但它们未必是我们当下急需的。现在应该做什么？这才是我们应该关注的问题。

“断舍离”原则在思考中的运用

· 断：割断过去，不要让过去的灰色记忆影响现在的决断，也不要被以前的成功或辉煌遮住了双眼。

· 舍：建立高效直接的思考机制，舍弃那些不必要的细枝末节，抓住事物的核心，快速做出判断，既不奢求完美，也不追求一步到位。

· 离：远离消极思想的干扰，要以自己当下的目标为中心，并把所有不相关的信息排除在外。

思考的程度随所处环境而定

史密斯是一个喜欢在深夜处理工作的人。尤其是在最近两年，他很少白天到公司来，总是在晚上10点以后给我打电话说："我上班了。"

他的意思是，从这个时间点开始直至凌晨3点，我随时可以联系他，与他探讨公司的业务。史密斯养成这个习惯的原因是，白天的环境让他很难集中精力思考和解决重大问题，有时一些需要几分钟就能解决的小事情也会被接踵而至的意外打断，让他无法深入思考。

当他计划给客户回邮件时，总是有其他的电话或信息过来；当他想把自己关在办公室凝神静思时，秘书敲门说有客户远道而来，必须见他一面。

也许我们平时很不喜欢这些意外打扰自己，但它们是快节奏的工业社会和信息时代的必然产物——我们享受着现代文明的一切成果，同时也承受着它带给我们的所有伤害。例如，它让我们的思考变得越来越复杂了：

· 我们总是需要筛选和处理太多的信息才能找到答案。
· 我们发现环境越来越不允许自己深入思考每个问题。

幸运的是，我们并非没有选择。史密斯将工作放到了深夜，他喜欢上了每天晚上的这段时光。从晚上10点到凌晨3点的5个小时中，他获得了一个相对优越和宽松的思考环境，远离了各式各样的琐碎事务，真正从容不迫地审视自己的工作，并从中找出最重要的事情去解决。在安静的环境中做深度思考，可以实现单位时间内工作效率最大化。

环境对于人的影响显而易见。我们在会议室、商业论坛、酒吧、夜总会、咖啡厅和书房思考同一个问题的效果截然不同。有的环境（比如书房）允许我们用更久的时间慢慢把事情想清楚，甚至我们能够美美地睡一觉后再做决定，因为睡眠会帮助我们驱逐大脑中的垃圾信息；有的环境（比如会议室、谈判场所和商业论坛）则不容许我们有片刻的喘息，我们需要在短短的几分钟内想清楚事情的来龙去脉，给出一个明确的答案。在前面的环境中，我们可以实现深度思考；而在后面的环境中，我们只能学会通过浅思考高效地做出决策。

浅思考：不要理会“为什么”

斯蒂芬是加利福尼亚州一家贸易公司的行政主管，同时也是一位浅思考高手，他具有让人惊叹的信息处理能力和反应速度。他说：“没错，要把工作做得出色，需要综合考虑很多因素，但行政工作复杂而枯燥，你总是处在一个需要快速给出答案的环境中，没有多少时间让自己坐下来好好思考。当有任务需要我处理时……事实上每分钟都有新任务摆在案头，我会力争用几秒钟时间想到一个解决方案。如果你不知道怎么做才是对的，那就选择最省事的方案，它会在第一时间出现在你的脑海中。”

这位优秀执行者的经验是：如果我们没有太多的时间从一大堆信息中找到最准确的答案，就依赖自己的本能。不要理会“为什么”，也不要在乎在眼前晃来晃去的来自不同部门的数据，因为我们想到的第一个答案往往是最可行的。

浅思考是一种优秀的能力，特别是在时间紧迫的情况下。如何对关键环节保持足够的敏感度，就成为能否正确思考的决定性因素。

· 浅思考要求我们把握事物的核心因素。

· 浅思考的重点是用最短的时间想到最关键的问题。

· 浅思考适用于需要处理海量信息的重复性工作。

精准思考：重点问题重点分析

在更多的工作中，我们遇到的是另一种情况：工作对我们提出了苛刻的要求，要求我们的思考和反应尽可能精确、专业以及富有宏观视野。这通常需要我们付出较多的时间去思考，对环境的要求也更高。

因此，作为对公司负有重大责任的史密斯把自己的办公时间挪到了深夜，为自己创造了一个有利于精准思考的环境。这样做的好处是：

· 有宽裕的时间整理信息，并从中提炼关键因素。

· 有安静的环境和轻松的心态，可以在压力较小的氛围中思考。

· 在处理比较重要或有创造性的工作时，能带来更大的回报。

当环境允许时，一个人必然要放弃浅思考，转而对信息做全面、精准的分析，以求制订一份具有技术含量的方案。不过，大部分人并不具备史密斯“随意安排办公时间”的自由，我们受制于公司的规章制度，不能决定自己做事的时间和环境；我们也受制于自己的人生状态和不同的心境。这时，我们该如何实现精准思考和高效行动呢？

我向成千上万的人提出过这个问题，并且鼓励他们尝试下面这些挑战：

· 无论我们接收到什么信息，都要同时给出两个答案：一个是基于想象力和本能的，一个是基于理性和经验的。看看这两个答案提供的方法，然后选择最简单的那个方法。

· 假如一个“极好”的想法带来的是让人“烦恼”的结果，我们能否果断地把这个想法从脑海中排除呢？很多人会对失败了的好计划耿耿于怀，但我建议我们养成放弃它的习惯。

· 为了更快地解决问题，我们能否不再用传统的“收集信息，增加更多问题”的思维，而是“减少信息，让问题变简单”的模式呢？这样做似乎违背了思维的逻辑，虽然大脑接受起来有些困难，但它才是有效的办法。

也就是说，简洁的思考，再加上专业的本能，就能实现高效的行动。

完成这些挑战是一项长期的工作，它可以逼迫我们通过简洁、高效的思考，适应任何环境，直到充分体现“断舍离”原则的要求——把一切不必要的信息排除到大脑的决策机制之外。

宏观思考：不要求“一览无余”

在不同的环境中，人们会通过不同的思考模式决定一些事情,从而影响自己的行为和决策结果。然而，在思考宏观的问题时，就不能要求做到面面俱到，思考的层面越多、越复杂，反而越会影响执行的效果。例如，处于失业状态的人或许不会去计算一支股票两年后会涨到什么程度，他思考的重点或许是如何快速找到工作，快速赚到钱；他或许很少去考虑早餐的营养搭配是否健康，好吃和填饱肚子才是他的首要目的。与失业比起来，繁忙得令人窒息的办公环境对人们的思考具有类似的影响力——我们很难考虑到那些长远的意义。

我的建议是：首先，不管处在什么样的环境中，都要拥有平静的心态，保持清醒的头脑，避免被外在的因素干扰，不被环境带来的压力左右。其次，要从宏观层面思考现实的需要，不要“一览无余”地考虑过多细节问题。有了这样的思考方式，我们就不会因一些杂念、其他信息或意外因素的干扰而改变思考的方向，也不会因思考过多、过细而搞得精疲力尽或抓不住重点。

克服敏感和多疑的心理

来自洛杉矶的克里斯芬有一份收入颇高的工作——在泛亚财务保险公司当会计，有个爱她的老公和三个孩子，家庭生活幸福美满，让人羡慕。但她性格多疑，她的疑心与敏感渐渐为这一切蒙上了阴影，最近出现了很多问题。

她说：“有时候，我发现自己由于无意中说了一句错话而自责很久，我会翻来覆去考虑这句话产生的后果，陷入其中不能自拔。别人会不会误解我，会不会不开心？我经常胡思乱想，既很顾及别人的感受，又怀疑对方是不是在背地里做对不起我的事情。他们一个不经意的眼神和一句脱口而出的话就让我寝食难安、胡思乱想。”

在平时的工作和人际交往中，克里斯芬是一个“背着石头走路”的人。她总是觉得心里有个包袱放不下，潜意识中认为凡是积极的东西都是假象，背后一定有见不得光的秘密。这种心态影响了她在工作中与同事的合作，导致有很多事情因此变得更复杂，让她与同事的关系出现了裂痕，效率也在下降，上司对她很不满。

更糟糕的是，她和丈夫的感情也开始受到影响。有一次，丈夫在傍晚打电话告诉她自己要加班，晚上11点前不会回家。这种现象很正常，无数家庭妇女都会遇到丈夫加班到很晚才回家的情形。但克里斯芬的内心隐约产生了一些不安，她从放下电话的那一刻起，脑海中就浮现出许多疑问：

老板没有要求他加班，他主动请缨，难道是想找机会与加班的女同事多说几句话？

如果他不在公司加班，又会去什么地方？或许有不可告人的秘密……

他对我没感情了，但怕我伤心又不想说出来，因此借口加班躲着我？啊，我想想，这是他本月第几次“加班”了？

这种怀疑的种子一旦在内心种下，通常会像野草一样疯狂生长，让人欲罢不能，大脑乱成一团。此时的克里斯芬已无法理性地判断，做晚饭的兴致也没了，她打电话给比萨店定了餐，和孩子一起简单吃了几口，任由他们在楼上玩耍，自己则坐在客厅的沙发上发呆。当时间到11点时，她更加紧张，死死地盯着门口，只等丈夫敲门。这时她想：如果丈夫准时回家，说明我可能想多了。很遗憾，这天晚上克里斯芬的丈夫一直到凌晨1点才拖着疲倦的身躯回到家中。

这次“事件”差点造成他们的婚姻破裂。克里斯芬想多了，在这件简单的事情上，她的脑子多拐了十几个弯，一直走进了死胡同。原本打一个求证电话就能解决的事情，她却任由自己的疑心和敏感控制大脑，放任那些自己想象出来的负面信息像藤绕树一样长满大脑。于是，在她的不断质问和纠缠下，忍无可忍的丈夫叫来了律师帮助办理离婚事宜。

幸运的是，邻居过来告诉她："亲爱的，你冤枉他了。他是个好人。那天晚上我看见他被他们公司的CEO开车送回来。如果不是在忙重要的工作，哪家公司的老板会亲自送下属回家呢？"克里斯芬这才恍然大悟。

这种情况在生活中经常出现，它是影响我们思考与判断的重要消极因素之一。有时候，我们总是会想到对自己不利的东西，使自己停留在没有必要的思想斗争中止步不前。例如，我们总是会觉得有人背着自己说坏话，正在嘲笑或指责自己，这对双方的沟通与合作造成了负面影响。我们在某些关键时刻也总是不相信身边的人。"谁是我最可靠的心腹？"这是不少老板内心都有过的疑问。

多疑的心态会对我们的行动产生十分恶劣的后果：

首先，会从自我感觉欠佳发展到产生自卫意识，最后导致行动时瞻前顾后。

简单地说，就是在我们的大脑中生成了一根严阵以待的"防御型神经"（与"进取型神经"相对），产生极强的自卫意识，即"心理过敏"。这时，我们可能听不进去别人的任何批评意见或劝解，或者会把所有的信息朝着消极、负面的方向联想，并体现在自身的行动中。一个人在这种状态下很难采取积极的行动，即便意识到了问题，也总是在"不确信"的思考中挣扎。

其次，会产生不切实际的期望，而在现实中遇阻后，又会产生疑虑和愤怒。

多疑和敏感也会让我们产生一些不切实际的期望，抬高对某些事情或他人的期待，总是希望他人做得更完美。比如，我们可能在开会时希望同事完全接受自己的意见，也可能在与客户合作中要求对方必须无条件地满足自己提的一切要求。然而，事实经常不尽如人意。虽然理想很丰满，但现实往往无法预测。于是，我们就会感觉自己受到了打压，感觉别人背叛了我们，好像对方故意与我们过不去。当我们总觉得别人对我们有看法时，思考的方向就产生了偏差，继而影响到我们最后的行动。这时即便我们有很好的想法，也无法实现它。

敏感和多疑的根源

我们在克里斯芬这样的女强人身上也能看见思想的不确定性。多疑存在于任何人的内心和大脑中，让我们的思考变得更加复杂。当我们对他人有成见、偏见或者过于敏感时，要想想自己为何会这样，把根源找出来，这样才有可能解决这些问题。

· 盲目自负。以主观想象替代客观现实的“思考”引发了盲目自负。一个人在盲目自负心理的驱动下，总是希望得到别人的夸奖。如果他的这一愿望落空，就会怀疑周围的环境，进而拒不合作。

· 自尊心太强。自尊心太强的人害怕被他人议论，也恐惧自己偶然的失败。他们表现为不能完全信任他人，倾向于完全掌控与自己有关的事物，以此获得安全感。克里斯芬的多疑就源于此。

· 情绪紧张。在现代社会，人们面对大量信息的冲击，很容易出现紧张情绪。当我们的情绪波动较大时，就很容易对较小的刺激产生强烈的反应，尤其喜欢关注那些负面信息。我们如果被这些让自己不安的情绪笼罩，积极行动的能力就会受到削弱。

· 自我保护心太强。自我保护心太强，会让我们时刻警惕外界的刺激，一丁点儿小事都会刺激到我们敏感的神经，因而常常不分对象地随意怀疑他人，给自己和他人增添麻烦。

由自己制造的问题

我们在工作和生活中遇到的一些困扰，也许正是自己给自己制造的。这些困扰压在我们的心头，让我们每天疑虑重重、优柔寡断；让我们在关键时刻难以正确地评价自己，不是过于苛求就是过于贬低；让我们冲动地认为自己的能力受到了打压，从而产生愤慨心理。

我遇到过这样的下属：他平素一直是安静、内向的人，但在一次部门会议上突然爆发，激烈地指责公司的高层领导对他不公。他用了很长时间当面批评在场的每一个人，翻出了许多陈年旧账。所有人都惊呆了，人们没有料到这么一个老好人心中却藏着一个“账本”。

然而，事实是他“想多了”。他并不是没有能力，而是人为地给自己制造了障碍，对同事的态度过于敏感。他用疑心代替了信任，用消极怠工代替了积极协作。于是，这让情况变得更加糟糕，没有人愿意与一个不相信自己的人合作，也不会有人真正帮助他。即便之前人们有过友善的想法，也会由于他的消极抗拒而却步。

克服多疑心理是一项长期的斗争，在这个过程中，我们一定会遇到挫折和失败，因为我们是在跟自己内心深处貌似坚不可摧的潜意识进行一场殊死搏斗。要想把自己构筑起来的“戒备心理墙”拆掉，驱除里面所有的不良信息，优化思考，我们必须给潜意识提供真实的证据。

我们的潜意识拒绝虚假证据，所以永远不要妄想欺骗它。我们需要重新思考一下自己的价值，理解周围的环境，然后从中找到有利于自己采取积极举措的现实条件。只有这样，我们才能逐渐消除多疑心理，让那些负面信息不再对自己的思考构成威胁，帮助自己提高行动效率。

确定方向后不要考虑值不值

在对世界各个地区的比较中，我发现了一个有趣的现象。

美国人做决策的效率相对较高，行动也十分迅速。而且美国人经常会停下来讨论工作中的细节，在行动中逐步完善计划。与美国人合作会很愉快，因为他们和中国人一样，非常习惯于一边行动一边完善想法，不在乎为此多花一些成本。

与日本人合作就有些痛苦，因为他们通常很谨慎，想得太多。日本人做计划就像准备一场战争，事前要反复规划和论证每个环节，要详细讨论每一个细节，乃至每一分钱的用处。不过，日本人一旦下定决心，做事效率会很高。日本人在执行中很少考虑“值不值”的问题，他们是绝对无条件的执行者，是几乎每个老板都求之不得的员工。

在讲授“颠覆式思考”课程时，我向学员们提出了两个完全相悖的问题，并要求他们迅速给出自己的见解。

- 我确定了一个方向，然后坚决地执行，最后成功了，为什么？
- 我确定了一个方向，然后及时地调整，最后成功了，为什么？

这是对立的思维方式，还是截然不同的行为模式呢？来自俄亥俄州的学员拉里解释说："我的理解是，确定方向对于成功来说并不是最主要的一步，关键是我们是否相信这个方向是正确的。调整行动方向的原因，可能才是这两个问题的核心。"重点就在这里。当我们设立一个目标时，我们在什么条件下才会认为这个目标是错误的？是众人的指责还是我们自主的醒悟？在外界的干扰下能否掌握方向，是我们应该思考的问题。

1918年，化学家哈珀联合上百名科学家共同反对相对论，他们觉得爱因斯坦是个疯子。指责声此起彼伏，声势浩大。爱因斯坦没有退缩，也没有被这些"权威声音"左右思考。他说："假如相对论是错的，一个人推翻它就够了，用不着这么多人。"面对异见，他大胆地坚持方向，因为他相信自己是正确的。

这便是思考与行动的关键联系——当我们无比自信时，我们就能做到。反之，即便是一阵微风吹来，也能让我们掉转方向。

不要害怕别人的指责

在电影《艋舺》中有一句台词："你知道吗？风往哪个方向吹，草就往哪个方向倒。"那么，你是被风吹来吹去的草吗？

拉里以前是一个被"指责"或"赞美"牵着鼻子走的人。他在俄亥俄州首府哥伦布市的一家设计公司工作了5年，这是他重要的职场经历。然而，他却认为这段经历太过漫长，让他不堪回首。"我没学到任何东西，"他说，"唯一的印象就是，当别人提出不同的意见时，我总是避免不了放弃自己的观点的结局。别人反驳几句，我就认为自己是错的；别人赞美几声，我才觉得是对的。"

拉里害怕同事的指责和上司的批评，即便是来自别人的一丝丝不满，也会让他忐忑不安。他对自己正在做的事情充满担忧：“难道他们的想法才是对的？”这是一个纠结的过程，他权衡内心不同的选择，并最终向环境妥协。

所以，尽管拉里用5年时间赚了50万美元，但他认为自己在哥伦布市的设计工作很失败。他欠缺行动力，特别是独立地遵从自己意志的高效行动，这使他有一种强烈的感觉：过去自己取得的所有成功，都是别人给的。为了逃避他人的指责，他一直服从他们的意志。

不要被别人的意见裹挟

针对上面这个问题，我们曾在全世界50多座主要城市展开了一次规模宏大的调查活动——借助各地的信息咨询公司，通过发邮件的方式，向月收入在500美元以上的群体发出问卷，邀请他们提供自己的真实经历和看法。活动历时1年半，共计收到了13万份答卷。

我们发现：

月收入在500~1000美元的群体中，有超过72%的人表示自己从小到大有过许多类似的经历，经常因老师、父母或朋友的一句劝告就放弃了自己的观点，其中不乏升学择校、选择就业、买房、创业等人生中的重大抉择。

月收入在1000~2000美元的群体中，有约34%的人反映他们在人生的十字路口接受了别人的劝解。但是不久后他们就感到后悔，有些人及时回归自己的本心，但也有一些人随波逐流，沿着别人给自己设计的道路走了下去。

月收入在2000~10000美元的群体中，有约16%的人曾经遇到过这种众口难调的情况，并在一定程度上产生了动摇。他们觉得吸收有益的建议是必要的，但问题是许多选择在当时无法判断是对还是错，有些决定需要时间的验证。

月收入在10000美元以上的群体中，只有约5%的人认为自己有可能被别人的一句话说动而改变行动的方向，但同时他们强调，他们需要一个有充分说服力的理由，否则他们仍会坚持己见。

有位在北京从事服务业的女受访者在邮件中附上了自己的一篇文章，她说："虽然我认定自己的思路是正确的，但是，当有人向我提出另一个建议时，我还是不免受到影响，对何去何从十分犹豫。最后，我总是倾向于放弃自己的思路，采纳别人的主张。考大学时由于亲戚的一句话，我永远告别了自己的理想，没有选报最喜欢的计算机专业。大学毕业后找第一份工作时，又是父亲的意见让我思考了几年的计划付诸东流……所有的关键选择，仿佛都是别人替我做的。因此，现在我是酒店的服务人员，从事以前想都不愿想的职业。"

虽然这位女士不是"居家的思考者"，但她仍然走了自己并不喜欢走的人生路，原因就在于她过于在乎旁人的评价，面对众多的选择无法坚持己见。

当然，这并非一个"对号入座"的调查。我们只是想获得一些可供参考的数据。也许我们能从中找到自己的影子，但重要的是结合自身的经历汲取教训。我们可以从中学到一个重要原则，这个原则是影响了两任美国总统的拿破仑·希尔说的："当你准备行动时，记住，没有人能决定你的方向，法官是你自己。"

Part3
能成事的人思维都在做减法

清除大脑中“无用的思考”

通过前面的内容，我们已经清楚地知道自己的思考和行动出了什么问题。现在是时候给出一些明确的步骤了。

针对人们在行动效能方面的诸多现实问题，我们将重点探讨简化思考对于提升行动力的重要意义。这意味着，我们要把主要的精力投放到与行动有关的思考上。在接下来的内容中，我将介绍如何用“减法思维”改造原有的思考模式，实现高效决策和行动。我相信理解和彻底地贯彻这些内容至少需要14天，因此我们设计了一个为期两星期的“减法思维”课程。

把所有想法都写下来

现在，请先放下书，不需要刻意地思考，立刻把所有跳入或一直盘桓在自己脑海中的想法、计划、困惑都写下来，想到多少就写多少，直到实在没有东西可写。这时我们再仔细看看写在纸上的东西。是不是对写下的这些想法感到陌生呢?

这是一个关于直觉的有趣实验。在罗列出的所有想法中，大概有50%的内容会让我们产生与平时完全不同的精神体验。当它们只存在于脑海中时，我们会感到苦恼或劳累，但并不代表这些想法是无聊或没有意义的。只有当我们明确地将它们写下来时，我们才会想到问自己一个问题：“这些想法对我有什么意义？”

我经常有这样的感觉：当如同乱麻的想法堵塞了大脑中的通道时，我迫切需要处理掉这些想法。但是，如果逐一把这些想法或计划用文字的形式记录下来，就会促使我们产生新的疑问，重新进行思考。

把所有想法串联起来

我特别喜欢在深夜运用这个简单的方法为自己减压，这是贯彻“减法思维”课程的第一步，也是简洁有效的一步。我打开台灯，铺开一张纸，在灯下缓缓地写下这一天来自己对生活、工作和其他事情的看法与目标：

· 有位客户的电话三天来始终打不通，我计划尝试其他方式。
· 办公室的空调早晨就坏了，到傍晚也没有安排人维修。
· 女儿第 6 次要求我带她去迪士尼乐园。
· 今天再次错过支付妻子的消费账单。
· 身体不舒服，但记不清是第几次忘记去门诊检查。
· 在公司发火，事后又懊恼，因为觉得发火不能解决问题。
…………

我想到什么就写什么。半个小时后，神奇的事情发生了，随着纸张上的内容越来越丰盈，我感觉大脑被腾出了大量的空间，越来越放松，就好像一盆水慢慢地被倒光。在灯光下，由于把想法都变成了文字，我的思考也变得更加清晰。我能从这些文字中发现问题，也能想到新的思路。

所有的想法都被摆在了桌面上，好的、坏的，积极的、消极的；生活中的、工作中的，来自朋友的、来自家庭的；等等。一个个词汇排好队在我面前展开，就像是在墙上展开一张便笺纸。我可以一目了然地查看自己的想法，轻松地把它们整理出来。

这是一份统计各种思想和事情的清单，上面记下了思考的难点——浪费精力最多的事情；也写下了价值最高的目标——每天排到第一位的要紧工作。用清单把它们串联起来，我们就能从中看到一个明晰的方向，知道下一步应该付出怎样的努力。

整理“思考清单”

在这张“思考清单”上，我们详细地列出了大脑正在进行的工作。其中，哪些思考是有用的，哪些是无用的呢？我们有时会在这个环节不知所措。比如，如何确定一份已执行两年的计划其实“食之无味，弃之可惜”呢？放弃这样的计划一定意味着我们过去的很多投入都付诸东流，做出这样的决定一定会很痛苦。那么，我们该如何判定是不是“弃之可惜”呢？

我们需要按照一些明确的原则和方法分类整理这些想法，最终做出决定。

积极的→留下

在我的“思考清单”上，所有积极的想法和事项都会被画上重重的标记，这是有待完成的事情。例如，新客户的联系信息与合作需求；周末去郊外散心的计划；为妻子购买生日礼物的打算（尽管还有3个月）。

这些属于积极的思考，应该把它们标记出来，并备注上完成计划的大致时间。

当下的→重视

陪女儿到迪士尼乐园游玩、应该尽快联系上的客户和维修办公室的空调，这些属于同一类——当下需要完成的事项。清单上的这部分是思考的重点，应该被重视起来。我们可以用“当下的”这个标准把它们划分出来，单独做一个计划，然后尽快行动起来予以解决。

消极的→扔掉

对消极的思考，要运用“断舍离”原则，把它们从大脑中隔离出来并扔掉。比如，或许在公司发完火后，我们会在几天内仍念念不忘。或许我们会纠结于一次工作的失误，反复想着这件事，给自己增加不必要的压力。或许我们会因一次吵架就“刻意遗忘”给妻子送生日礼物。这些都是消极的思考，要找出来，把它们扔掉。

无关的（或关系不大的）→屏蔽

我们亦能发现，很多思考与自己关系不大，没有太大必要去关注，比如国际政治军事形势、世界经济形势乃至中东难民问题，抑或全球股票市场的走势（因为我们或许并不是一个热衷炒股的人）。当然，还有邻里之间的琐事、同事的“八卦新闻”、领导的隐私等。永远不要把精力用到这些事情上，在多数情况下，它们与我们没有多大关系。我们要想做好当下的事——提高自己对于“重要事务”的思考效率和行动力，就必须屏蔽这些与自己关系不大甚至无关的思考。

学会“不使用自己本领”的本领

在生活中，我们需要看一看和想一想：“有没有可以完全借鉴别人的思路、不需要自己绞尽脑汁地思考的行动策略呢？”在工作节奏越来越快、思考环境越来越严酷的今天，我们要学会借鉴和融合他人的经验，将各种资源都为己所用，从而简化自己的思考流程，同时降低自己决策的难度和行动的风险。

在一次讲座中，我举了一个“借鸡生蛋”的例子——别人家有鸡蛋，也有鸡，但是我们没有，该怎么办呢？这是一个与经营有关的思考题，也是与行动方案有关的设计题。有人说：“花钱买蛋吃，养鸡太麻烦了。”也有人说：“花钱买几只鸡。”有没有更便捷和省钱的方法呢？有，就是去借鸡。我可以到邻居那里借一只母鸡，一年内下了100只蛋，一年后我归还的时候，还能拿出50只蛋作为利息，而我也赚到了50只蛋。我完全不用付买鸡的成本，就有了50只蛋的收益。

这个故事不仅揭示了经营的智慧，还对许多领域有很大的启示。能借到的东西，未必需要我们去买，更不需要我们把它制造出来。这就像我们要设计一架航天飞机，手头已经有了其他国家的一些公开方案和成功经验，我们还需要从头起步吗？根本不需要！这些步骤都可以省略，因为前人已经用自己的行动经验告诉我们：这样做可以，那样做不可以！

思考的效果主要不是由思考的过程决定，也不完全取决于我们投入了多少精力，主要是取决于能够调动和借用他人的多少智慧。把学习和借用的智慧快速落实到具体行动中，它就会成为我们的智慧。

合理的思路可以直接拿来使用

做生意的人都清楚“借钱”对于投资经营的巨大作用。一个不知道如何借钱的人成不了企业家，也不会成为投资理财大师。可以这么说，任何不知道如何借钱的老板都不是好老板。经营企业是这样，思考与行动也是如此——当别人有现成的好方法时，为何不直接拿过来使用呢?这既能节省自己的宝贵时间，也能少走弯路，实现高效行动。

在我们公司的一次招聘活动上，有位先生从遥远的波士顿赶到洛杉矶应聘，他迫切要得到我们公司的一个职位。在面试过程中，他出示了厚厚的一堆专业证书，证明自己有多么优秀。他获得了哈佛大学商学院硕士学位，在普林斯顿大学进修过，还有亚洲地区丰富的工作和生活经历。“我很喜欢与中国人共事。”他说，“我迷恋中国文化，愿意在贵公司长期工作，即便派我去中国常驻，我也乐意前往。”

有学历证明和一颗炽热的雄心就能为我们解决一切问题吗?显然不能。

公司的面试官希望他接受一项小测试：“如何在2小时内搞定一部公益广告的拍摄工作?请在30分钟内告诉我答案。”

计时开始后，这位先生迅速陷入紧张的思考中。他时而紧锁眉头，时而奋笔疾书。20分钟后，他把一张写满文字的A4纸交了上来。这是一份完整的广告策划方案，有剧情大纲、演员名单、拍摄经费、发布途径、公共关系维护、后期反馈等，各个环节一应俱全，十分详细。

但是面试官面露失望之情，摇摇头对他说：“很可惜，你没有被录取。因为搞定这项工作十分简单，你只需要打个电话，请一位拍公益片的导演就可以了，让他来帮你制定具体的思路，他有的是经验。”

这就是“借力思考”的真谛，与企业管理中的授权有异曲同工之处。其核心原则就是：

· 如果有现成的经验，马上借用。

· 如果有人可以帮我们思考，立刻请他协助我们。

· 如果有可能，做任何事都应该在第一时间借助别人的本领。我们要有这种敏锐的嗅觉。

利用“方案库”的资源简化思考

多年来，我在与史密斯的合作中养成了一个习惯：每当要决定一件事时，我们都会搜集大量的相关资料，在会议召开前的一星期内，就会准备好与项目有关的各种方案。这些方案有些是我们自己的思路，有些则源于行业内的成功案例，还有些是公司平时策划灵感的积累——我们专门建立了一个“方案库”，会议中每个人的灵感火花都有机会被保存在这里，以备不时之需。

这样，当需要做出决策时，我们会惊喜地发现，实际思考和决策的过程非常快，往往几分钟内就能找到正确的方向，并不需要临阵磨枪或者费时费力去讨论。这对后续快速落实方案非常有利，很多计划和工作都能够迅速展开，避免了拖延行为的发生。

创造性地思考不是变魔术，而是一个人通过多年积累和理性计划才能实现的厚积薄发。这个世界上没有多少人拥有随机应变地思考的效率，大部分人都依赖于平时勤奋的琢磨。掌握能解决问题的基本方法，借助已被无数事实验证的成功经验，建立自己的“方案库”，利用“方案库”的资源简化思考——很多时候，解决一些问题并不需要我们花费时间临时创造方案，把成熟的经验拿过来使用就可以了。

不做跟实现目标无关的思考

纳西姆在硅谷从事科研工作有十几年了，他有丰富的知识，也有很大的干劲，但这些年下来取得的成果很少。科研所给他的经费有上千万美元，但最后向他要结果时，纳西姆几乎是两手空空，只做了些基础性研究，没有拿出像样的应用技术。他在具体的研究中走了很多弯路，每天想的都是怎么发论文，虽然他在一些权威杂志上发表了一大堆学术文章，但是真正有意义的很少。

这里说的“有意义”是指，科研的目的应该是实现应用。而纳西姆的研究却停留在了理论分析上。

从科研所离职后，纳西姆躲到家中过了几个月糟糕的生活。有一天，他终于想通了，自己从事了这么多年的科研工作，原来一直没有思考过科研的本质。

那么，怎样才能将思考和取得成果相结合呢？如何改正思考脱离正轨的弱点呢？

扔掉“偏离目标”的思考

一个建筑大师不可能天天砌砖头，因为砌砖头是工人该做的工作，建筑大师要做的是设计一栋房子的整体框架和风格，而不是考虑某个局部的细节是否完美，某个拐角是否需要多加一块砖。所以，要先定位自己的角色，要问自己一个问题：我们是建筑设计师还是工人呢？

我们承担的任务和目标决定了我们思考的方向。不管做什么工作，都不能忙于那些无用的思考——除非我们的任务就是研究某个理论。就像纳西姆一样，当他每天来到科研所上班时，他的脑海中浮现的第一个念头是什么呢？他有没有想过自己日复一日地工作是否和目标吻合呢？如果他早早地思考这个问题，就不会在十几年的时间中做了一大堆对目标没有多少帮助的“成绩”。

高效思考要遵循的原则

去硅谷参观时，我认识了一个德国籍的科学家格拉菲特，他是一个“牛人”，许多公司都出重金争抢他。他主要的研究领域是人工智能，已经有20多年的丰富研究经验。格拉菲特的工作方法特别简单——不是钻到复杂的理论中碰运气，而是针对一个具体的功能开发实际的应用程序，看看运行中有什么毛病。如果没毛病，就继续优化提升；如果有毛病，就找出问题并把它解决掉。

他说：“应用才是人工智能的核心问题，根据这个方向，再提出一些具体的本质的提高方法，去思考如何解决应用问题。创造有意义的算法，提高机器的性能，并转化为实际应用的能力，这是我工作的全部。”

具体来说，我们需要遵循以下两个原则：

· 把“实用问题”作为思考的重点，把“现实意义”作为行动的指导。

· 不要进行无用的思考，而是以获得实际的结果为目标。

遵循这两项原则，思考就不再是花哨和散漫的工具，而是真正具有创造力、能解决问题的途径。通过认真思考具体的问题，寻找解决方法，我们就能避免许多无谓的浪费，提高思考的效率，最终得到自己想要的成果。

把“过度思考”与行动隔绝

正如我在前文中提到的，“过度思考”是个棘手的问题。人们每天把许多时间浪费在这方面，导致精力分散、思维疲惫，但对解决问题没有多大帮助。要知道，思考的根本目的不仅仅是提高我们的思想境界，更重要的是给出解决方案。

我们都知道，想出用比较经济的手段解决问题的方法，这样的思考才是有价值的。那么，如何才能做到呢？“过度思考”未必总是有害的。然而，做了太多思考的结果很可能仅仅是想到了问题的一个分支，并衍生出了一大堆新问题，导致拿不出最终的解决方案，使行动半途而废。

过度思考会严重阻碍行动

有时候，一些思考并不一定是有意义的。比如，当我们在做一件重要的工作时，上司正等着我们的汇报，而我们突然想到自己需要办签证，于是把精力转移到如何办理签证上。虽然思考办理签证这件事情对我们来说也很重要，但如果它阻碍了我们去做当下需要做的更重要的事，就会成为一件不折不扣的坏事。再比如，中午下班后，我们回到宿舍正准备做饭，却突然坐到沙发上琢磨本周末的出行计划。琢磨出行计划虽然很重要，但不是现在应该做的。我们在这件事上花了30分钟，错过了午饭，于是，整个下午就只能在公司饥肠辘辘地工作。这些都属于阻碍当前行动的思考。

我收到过读者的一些让人哭笑不得的来信，比如这一封：

“老师，我为了减肥煞费苦心，现在终于要行动了。我打算傍晚就开始运动，但是不知道运动前到底是吃个苹果好，还是喝杯酸奶好。另外，我到外面跑步要不要涂些隔离霜？一路上有很多灰尘，这是件麻烦事。可是涂了隔离霜后，毛孔被堵住了怎么办？因为跑步需要排汗。跑完步后，是要立即洗脸还是再等一会儿？运动真的好麻烦，我特别纠结。”

读着这封信后，在我眼前浮现出一个特别拧巴的女孩：她思前想后，为了这些烦琐的问题愁眉紧锁，她迫切地想解决围绕跑步产生的这些问题，反而忽视了跑步这件最重要的事。到最后她的决定就是：不去健身了。

我们看，爱思考本来是一件好事，但未必都是有益的。为了把计划执行好，这个女孩想得太多了，很多思考就变成了对精力的耗费，最终却妨碍了行动。

消除“我不行”的暗示

缺乏信心的人很容易想太多，特别是受到外界的干扰，比如看到、听到一些优秀人物的相反观点或暗示时，就会很快放弃自己的立场：

“我的方法是不是很差劲？这个问题看来不好解决，我是否应该另找思路？”没有信心对任何人来说都是个大问题，也是严重的心理障碍，容易让我们抛弃既定的计划，掉进过度思考的陷阱。

一旦我们没有信心去解决问题，内心的暗示就会把我们引向一条错误的道路。我们不能放开手脚去做事，也不敢触及问题的核心。我们会一直围绕某个问题转圈圈，思考和行动都缺乏突破性。

要提升行动力，就必须去除内心这种“我不行”的暗示：

· 我不需要做这么多铺垫工作，因为我有能力一击而中，直接解决问题！

· 我完全可以独自承担这项工作，因为我的思路是对的，不需要听从别人的意见！

要自信地将思考和目标结合起来，围绕主要问题进行思考，排除一切无关的干扰。我们要告诉自己：“我不需要那些干扰信息的支持，我已拥有了足够的知识，我掌握的技能可以帮助我直接解决问题。”当我们准备开始行动时，要把全部的时间和精力都聚焦到目标上。

围绕自身优势集中思考

法国社会学家列维－布留尔（1857—1939）在《原始思维》一书中，详细探讨了人类的思考习惯和行事心理：“我们大多数人看似为自己而活，实际上并非如此，大都是按照集体意识在行事。这种趋于盲目的集体意识往往是中庸的，也是随波逐流的。可是解决本质问题不能仅依靠集体意识，还要靠自己特有的思想。”

在实际行动中，很多人容易受到集体暗示的影响，偏离自己既定的路线，甚至导致自己裹足不前。这时候，他们忽视或者在潜意识中忘记了自身的优势，很难集中自身优势资源进行思考。只有去除这些集体暗示带来的负面影响，才能真正解决我们面临的问题。

缩短分析和判断的时间

有时候，分析和判断事物“是否有价值”的过程产生的副作用可能更大，特别是当它占用我们大量的时间时。我们每天要选择或放弃许多事物：早餐是否多吃一个鸡蛋？上班是穿黑色的衬衫还是蓝色的衬衫？去见客户是坐地铁还是公交，抑或自己驾车？今天去理发，我要理什么发型？给公司的新员工集体开个会，我是要严肃地给他们一个下马威，还是面带微笑、平易近人？诸如此类，这些想法像柳絮一样在我们眼前飘荡。如果我们将每件事都拿过来认真地思考和分析，就会发现自己一天下来不但什么都没干，反而把重要的事情耽误了。

缩短分析和判断的时间，减少过度思考，最佳策略就是“不去思考”。

对于那些没有多大意义的选择或目标，抱怨和绞尽脑汁地设想，就能解决实际问题吗？即便是动用一丁点儿心思在上面，我们所获得的“投入产出比”也是极低的，并不划算。不去思考，让本能来决定，让踏实有力的行动推动它们自动给出结果。例如：

- “天哪，我啥时候有一个又高又帅的男朋友呢？”——不要想，努力工作，努力健身，保持好气质，就会有优秀的男士喜欢你。

·“我能不能成功地打败对手，出任公司的CEO？”——不要为此夜不能眠，多想想怎么做好业绩，让董事会认可你的成绩。

·“我每天做运动都累成了‘狗’，可几个月后能不能瘦10斤？”——不要把它当作一件伤脑筋的事，因为你无法决定最终的结果，顺其自然吧。

我们大脑中接连不断产生的意念，大部分对现实生活没有指导价值。我们的大脑喜欢胡思乱想，很容易把重心放到那些并不关键的环节上，但有一万种可能性决定了我们无法实现某个目标，所以思考它们是让人头疼和没有意义的。解决这个问题，没有巧妙的方法，也没有捷径，最好的做法是不去想。只有这样，才能真正节省我们的时间和精力。

虽然思考能让人进步，但过度思考会带给我们痛苦，让我们受困于消极的情绪。过度思考不但阻碍了我们的行动，也会让我们变得死板、沉重和了无生趣。当思考妨碍到行动的效率时，我们就必须采取措施，把它与行动隔离开，这样才能让自己更有效地“做到”。

简化思考和决策的过程

我曾多次目睹朋友购书的经历。经常有朋友邀请我一起去洛杉矶的一些书店，他们让我提供建议。但是，面对“复杂的决定”，很多人总是会不知所措。

有一次，一位在唐人街开餐馆的朱先生走进书店，他久久地徘徊在六七本书之间无法拿定主意，不知道要买哪一本。但我敢肯定，他不是没带够钱。他头头是道地分析着每本书的优劣，讲出了这些书不同的特点，但他不清楚自己到底需要哪本书。

我安静地站在旁边，绝不插嘴给他建议，我要看看他到底该怎么办。结果，30分钟后，朱先生耸耸肩，双手一摊，问我："我还要不要买？"最终他一本书都没买，失望地与我一起走出了书店。

还有一些人的做法与朱先生刚好相反——朱先生干脆什么都不买，有些人却索性全部买回家。但是，这些人又会陷入另一种纠结中——他们回家后又会进行一场思考与选择的大战："我到底要看哪一本呢？"这样的思考战争在他们的脑海中无时无刻不在进行着。

购物是一个非常典型的例子。一件物品或许有多重属性，而多件物品的属性或许都一样，这就导致我们在购物时，往往无法做出那个唯一的决定。"精准决策"并不容易，因此我更欣赏那些做事一根筋、靠本能和直觉做出反应并毫不犹豫地去做的人；我在招聘时也喜欢录用那些思考直接、行动迅速的员工。我总是希望我的员工在工作中不要思考得太多，不要瞻前顾后，而是把大部分时间放到如何执行上。因为思考和选择不会给我们带来直接的收益，之后的行动才会。

就我多年的观察和培训经历来看，遇到问题直接"三下五除二"解决的人很少。大部分人都会经过一段时间的思考，他们会就一个问题在脑海中思来想去，分析可能出现的利弊，然后才会做出谨慎的判断。这是大众思维和大众行为模式的体现。还有一小部分人属于"极端思考派"，不管问题是大还是小，他们都会反复考虑、十分纠结，总是到"火烧眉毛"的地步才迫不得已地做出选择，但更多的时候可能是放弃选择，因为他们实在不能判定自己应该如何选择。他们有严重的选择性障碍。

毫无疑问，事物的“多属性”容易让人犹豫不决，拿不定主意。在现实生活中，人们推崇“三思而后行”的格言，然而，这也助长了过度思考的不良习气。的确，我们做任何事情都需要思考一下。那么，到底要思考多久？没有人能给出明确的答案，因为我们都不会为别人负责。我曾经将“三思而行”这四个字贴在我办公室的墙上，但不到一星期我就把它撤掉了，因为它起到的效果并不好：当我们在潜意识中告诫自己要“三思”时，我们可能会在行动中将这个“谨慎选择”的命令放大五倍甚至十倍。

对事物“多属性”的思考和判断，是我们在受教育和成长的经历中养成的习惯。我们从小到大都被教导要走一步看三步，要做计划，要多考虑。这种思维模式渗入了我们的血液，于是，我们无论做任何事，几乎都会谨言慎行，想得过多却做得太少。这就导致一些特有的行为模式。

模式一：做任何事情之前，都喜欢分析利弊。

在做一件事之前，多数人都要经历一次“思前想后”和分析利弊的自我折磨。我们会把所有的好处与坏处罗列出来，在脑海中反复地“讨论”，总是拿不定主意。对我们来说，分析问题很容易，但下决心却很困难。有时候，我们明知道应该怎么做，但仍然不敢自己做出决定。我们盼着权威人物来给自己指出方向。

模式二：陷入纠结和焦虑的状态，不断地思考。

很多人一旦未经过充分思考和选择的过程，就会处于焦虑和不安的状态中。长此以往，思维定势和行为记忆会控制他们的大脑和手脚。对于有这种行为模式的人来说，思考不再是一种工具，而是一个目的。所以，我们会看到，越是读书多且富有野心的人，往往越容易陷入抑郁状态，因为他们十分渴望拿出强有力的行动实现目标，但同时又陷入纠结和焦虑的状态，不断地思考。他们既要跟环境斗争，还要跟自己斗争。

迈阿密戴德县一家游戏设计公司的总监克里芬妮说："幸运的是，我走出了这种痛苦的状态。我现在越来越不喜欢将自己长久地置于焦虑、斟酌和摇摆不定的状态中。我现在养成了一个新习惯：想到什么，大体判断一下就马上开始行动，而不是胡思乱想。胡思乱想没有意义，我必须简化决策的过程。"

必须战胜思维惯性

克里芬妮认为，六年的创意审查官经历，让她养成了强大的思维惯性。这是一个要对公司项目的盈利率负责的岗位，因此，她必须慎重考察下属各部门报上来的游戏创意是否能给公司带来收益。这就要求她的思考尽可能顾及方方面面，想到项目的每一个隐藏特点和产品投向市场后出现的每一种可能的结果。

然而，尽管她已足够谨慎，可是项目的盈利率并没有太大的提升，只有约35%的项目能盈利。也就是说，每年有65%的游戏创意是失败的。这些创意都经过了她的首肯，进入了实际开发的阶段，在市场预售和试运行过程中，才因某些不可预测的因素而被淘汰。

她反思说："思考过多并不能解决根本性问题，这只是一种自我安慰的假象。我们总是以为多想一想就能让结果更好一些，但事实并非如此。现在我才知道，其实做很多事情并不需要经过多么缜密的思考。我坚信只有加快自己判断的速度，提高思考的效率，才是对产品开发和销售真正有帮助的事情。”

只要能够最大限度地利用自己的知识和智商，无论我们做决定的速度有多快，结果都不会太差。只要战胜思维惯性，我们就可以运用另一种思维模式看待事物，找到一个新奇的角度。届时，我们不仅拥有了决策的速度，还可以找到一条不一样的补充信息——它们可能是最关键的信息。

从“多属性”中找出“唯一属性”

前不久，有一位计划找天使投资人融资的年轻人到我的公司找我请教。他手上的项目很多，而且每个项目看起来都不错。他正在考虑到底该做些什么，并对我说：“这些项目都可以赚钱，但我不清楚做什么才是最有利的。”我对他说：“在这个世界上，如果我们站在原地，永远不会知道有些事情会怎样，只有先走两步才能搞清楚。我们要做的就是马上找到自己需要的那个方向，盯紧它，行动起来！”

当一件事或多件事同时摆在面前时，有些人会困惑：“我需要做些什么？我究竟该怎样选择？”例如，有的人在同时收到多份面试邀请后，可能会在家里呆坐一天，无法决定应该先去哪一家公司。这种情况就是不懂得简化“多属性元素”的表现——要从多种选择中找到自己最需要的那一个，然后坚定地去行动。虽然我们或许都知道这个道理，但执行起来却易犯错误。

首先，想一想，为了解决问题，自己最需要做的事情是什么。

要以最快的速度回答这个问题。这能让我们立刻找到一个最贴近事实的答案，并避免尝试其他的选择。

其次，不要为“不确定的问题”苦思冥想。

因为有些可能性到最后仍然是“可能性”，很难变成现实。这要求我们必须从一开始就思考那些确定的问题，并且选择最重要的那个方向。

给思考做减法的四个步骤

要想让自己在每一分钟里的思考重新变得高效起来，要想让自己的计划清单中的重要工作可以真正被执行，而不是被无用的思考拖累，就需要我们掌握一个简洁的步骤，为思考做减法，缩短计划和决策的时间。

第一步：为自己建立“思考流水账”

首先，我们要确立建“思考流水账”的目标，然后拿出一星期时间做统计——记下每天都计划了什么，是如何思考和部署的，怎样完成以及完成的效果。我强烈建议大家拒绝采用电子设备去记录，而是使用原始的纸张记录法记录，因为把它们写在纸上，反而能让我们有更深刻的印象，并能提示我们这是一件庄重、严肃的事情。

这个流水账的内容或许五花八门，我们可以把任何东西都记在上面。例如，一份工作我们是几点到几点完成的，中间经历了哪些思考，遇到了哪些问题；我们是如何理解和关注一则新闻的，围绕这则新闻我们浏览了哪些网站，参与了多少讨论。最后，总结在这个烦琐的过程中，我们学到了什么。

我相信，不需要太长时间，这个流水账就足够让所有人都惊讶于自己对时间的浪费“能力”，发现自己在思考方面的复杂和无效程度。有个学员惊恐地告诉我，他在这个流水账上看到，自己每星期至少有3天多的时间在紧张地思考，想了许多事情，可结果是什么都没干成。他惊叹：“我这才知道，那些不知所踪的时间到底跑到哪里去了！”

第二步：找到最浪费时间的思考

当把“思考流水账”建立好以后，一个核心的问题就摆在了我们的面前：哪些思考是不必要的，是在浪费时间？从对其依赖性最小的那件事情下手，不要犹豫，先把它戒除。例如，我们会在临睡前习惯性地抽一支烟吗？我知道大部分“烟民”都有这个习惯，他们或许坚持认为这一举动能让自己有效地思考很多事情，因为香烟的刺激性能帮助大脑产生灵感，并且降低焦虑。实际上，这种做法往往没有多大的效果。如果抽完一支烟再去睡觉，就有助于我们决策人生大事，为何我们每天都在重复这种行为？类似的坏习惯都有一个共性：它们都是在以一种“虚妄的意义”欺骗我们的大脑。所以，我们必须戒除这些坏习惯。

我们也可以在“思考流水账”上看到自己这一星期中有多少玩手机的时间——每天起床后和临睡前都各有半小时。那么，在这一小时里我们在想什么呢？如果把这一小时拿出来处理别的事情，有更好的安排吗？坚持一星期不玩手机，把玩手机的时间放到我们的“备用时间”中。接着，做后面的减法。例如，每天减少浏览网页的次数，制定通过互联网浏览其他信息的时间段——吃晚餐后的5分钟或者去上厕所的时间。

做减法的过程既是扫清思考障碍的过程，也是追究无效思考根源的过程。史密斯说："我们就像动物园里的熊猫，闲下来后找不到真心想做的事情，但又不知道该如何打发时间。我们把这种隐藏的无聊钉嵌在时间的流逝中，导致自己做任何事情都漫无目的。可是，当我们面临重要的工作时，往往就会用这种低效的手段去应对。我们不是在做减法，而是在无意识地做加法，不但没有解决麻烦，反而增添了新麻烦。"

对处于做加法状态的人来说，他们在丢了银行卡后首先做的事情不是给银行打电话挂失，而是急忙到微信朋友圈发布一条消息博取他人的同情。这就是许多人为自己的思考和行动额外增加的无效环节，而他们却对此缺乏清醒的认知。

做减法就是让自己重新看待平时的思考和行为模式，意识到是什么阻碍了自己梦想成真。当我们从做减法中找到那些迫切需要我们完成却从未开始的重要计划后，才能对过去浑浑噩噩的行为有足够的反省，然后才有动力制订简化思考的计划。

第三步：把重要环节放到最前面

当我们逐渐减少不重要的环节后，一些重要的环节就会浮现在我们面前。比如，我们应该一上班就开始做紧要的工作，而不是"眉毛胡子一把抓"，瞎忙一通；我们应该在第一时间回复客户的邮件，就昨天提出的问题进行沟通，而不是把这些问题拖到快下班时才解决；在起床后，我们应该立即为自己准备热腾腾的早饭，而不是抱着手机浏览微信朋友圈，或者花费半小时挑选今天要穿的衣服。

有些事情没那么要紧，就可以不去做，或者把它放到后面再做。难道不是这样吗？在这一步，我们要强制对自己说：“如果我不能集中精力思考重要的计划，就必须关闭手机、电脑以及音乐播放器，不考虑其他任何事情，尤其是吃喝玩乐！”这时不要理会潜意识的乞求、协商和威胁，更不要向它妥协，坚持先完成有较高价值的思考环节。

把最初建立的“思考流水账”与做完减法后的“瘦身版流水账”对比着读一遍。为了高效地行动，要促使自己的大脑释放新的暗示——我不要给自己找借口，要抓紧时间做正事！

第四步：重复优化后的步骤

“重复”是养成好习惯的最好工具之一。一个意志力顽强的人，也很难在一开始就培养新的好习惯，尤其是当他在对抗“深入骨髓的懒惰”与“无聊而愉悦的思考”时——这两种习惯属于人的本能，伴随我们的一生。因此，我们在培养新的好习惯时，必然会遇到挫折和反复。这时，我们就要掌握强大的武器：不断地重复，直到形成新的好习惯。

当顽强的意志力占据上风，打败“深入骨髓的懒惰”与“无聊而愉悦的思考”，完成一次精要的思考后，我们就可以适当地奖励自己一次，例如，听10分钟音乐，允许什么都不做地冥想5分钟等，以放松精神。我们既要学会奖励自己，也要能够适当地原谅偶尔的失误，拒绝完美主义。当做减法的计划遭遇意外而失败，或者被突然而至的事件打断时，不要有负罪感。原谅计划中的不完美，容许出现小挫折，这样，潜意识就会更轻松地接受新的好习惯。

执行这四个步骤非常简单，每个人都可以顺利地理解它的内涵并且十分容易做到——就像冬天从寒冷的被窝中爬起来那样轻松——这完全取决于我们的一念之间，或者能否每天坚持。

如果有什么秘诀，那就是坚持！它只需要我们愿意动手去做，养成习惯。不去进行烦心的思考，不要总是念叨“是不是少做了一步”“是不是有什么事情没想到”。事实上，这个时代的环境已经非常复杂，简单地思考对我们来说是一件幸运的事，它能带来高效的行动。

运用这四个步骤，找到自己真正渴望实施的计划，想清楚需要做什么，然后制定一个时间表，对未来的每个环节做一次资源分配，把所有不必要的环节删减掉，只留下那些不可或缺的环节——在内心必须有一种强烈的呼声告诉自己它是最重要的。做完减法后，再尽全力一项一项地改善，让自己成为一个做事效率很高的人。

Part4

遇强则强，主动寻求突破

干之前不要总是把结果往坏处想

住在青岛的蒿先生给我发来邮件说："我总是会把即将发生的事情或未来将要发生的事情朝最糟糕的方向去想，我的想法总是很消极。给您发这封邮件时，我的心情比外面的天气还要糟糕。我该怎么办？帮帮我好吗？"

蒿先生就要结婚了，他将迎娶一位美丽的新娘。这是值得高兴的人生大事，但蒿先生却闷闷不乐。他担心妻子将来会不爱她，进而怀疑结婚的意义。他的依据是：在和未婚妻的一次谈话中，俩人深入地谈到了婚姻。他觉得婚姻是美好的，是爱情的保鲜柜。但未婚妻却说："结婚时间久了，也许两个人的感情就会淡漠，比如七年之痒。"虽然这句话只是未婚妻随口说出来的，但蒿先生却将它记在了心里，并留下了心理阴影。他对即将结婚这件事感到担忧，竟然已经开始想象未来离婚的情景。

他还在邮件中说，自己非常畏惧面试。他有过几次跳槽失败的经历。他从原公司离职后去了新公司面试，结果第一轮就没有通过，然后就觉得只要参加面试，自己就一定会失败。因此，即便现在的工资很低，甚至难以靠它维持生计，但他仍然不敢换工作，因为他觉得自己抓不住好机会——不管这个机会有多好，他都感觉没有多大希望。

由于脑海中有强大的消极思维在作怪，他干脆什么都不干。对于即将要做的事情，他首先想到的是失败后的情景或最坏的结果："结婚几年后就有可能离婚，那我还结什么婚呢？换了工作未必能混得好，那我不如在这里一直待下去；我也想过去做生意，但做生意肯定有赔钱的时候，而我估计自己绝对就是会赔钱的那类人。”这些消极的意念弥漫在蒿先生的脑海中，让他成为一个畏首畏尾而不敢迈出脚步的人。

几乎每个人从小到大都有过蒿先生的这种状况。那么，我们应该怎样应对这种状况呢？我们会由于害怕出现不可测的结果而不敢努力去尝试或者挑战高难度的目标吗？我们会对未来持有消极态度，以无所谓的态度看待生活中的一切事情，进而被他人视为“缺乏上进心的人”吗？

先把期望达成的目标写下来

在几年前做化妆品生意时，有一次，为了攻克伯克利附近的富人区，让住在那里的女士购买我们的化妆品，我们先制订了一份详细的攻坚计划。我和同伴葛莱士在计划中写下了这场战役的目标：

· 我们不是为了卖掉三到五套化妆品，而是希望持续向这个群体供应产品。

· 我们要赢得她们的“欢心”，互相建立起深度的信赖关系。

· 我们必须采取明智的策略，在这个地区塑造良好的品牌形象。

我的团队中没有几个推销员认为拿下这里的顾客是件容易的事情，他们中的多数人都知难而退，因为他们都清楚住在这个富人区的人的消费品位——她们可能不喜欢上门推销的产品，而是习惯于去大型商超购买知名品牌，享受品牌专柜提供的服务。基于此，公司的其他推销员对拿下这里的客户不抱多大希望，他们一开始就认定会出现最坏的结果：

“你们将被赶出来，这是100%会发生的事情，等着吧！”说这话的竟然是负责加利福尼亚州地区的销售副主管。他还说：“前两年我试着到这里开辟市场（上门推销），但被无情地拒绝，我还差点被警察抓走，因为她们毫不犹豫地报警了！”

不过，我和葛莱士“一厢情愿”地认为最坏的结果也许不会发生。如果我们做对了一些事情，就有机会获得不那么坏的结果。我们所期望的目标十分宏大，并不仅仅是为了卖掉几套化妆品，而是希望在这一地区建立一个庞大的客户群。

当我们有了明确的目标时，做事情的难度就已经降低了一半，至少我们的脑海中不会只想到那些“坏的可能性”。

列出实现目标后所有可能的收益

沿着制定的目标，我的思考继续深入：“实现这些目标后，我们将得到哪些好处？”据此，我和葛莱士又列了一张收益清单：

- 我们将攻克公司很多前辈没有占领的阵地。
- 我们能改变自己在公司中的地位。
- 我们将增加一个消费力强大的市场群体。

其中，第二项收益是当时我和葛莱士最感兴趣的，这也是我们最直接的动力来源。与三项收益比起来，我们将要承担的风险和可能遇到的坏结果简直不值一提。一想到这对公司未来的发展非常有利，我已经两眼放光，仿佛看到这个社区的贵妇们都用上了我代理的香水和护肤品的场景。

正因为看到了未来的这些好处，我们的行动才有了强大的动力。我和葛莱士用了不到一星期时间，就成功地拿下了该地区的7个客户。在随后的一个月时间里，我们共签下了38单生意，卖掉了价值6万美元的化妆品。在公司看来，这称得上是一次“史无前例的大收获”。

多年以来，我一直坚持一个原则——必须制作“收益清单”，列出行动所有可能的收益。这是激发自己努力去实现目标的强大动力。

越是在境况最坏的时候，就越要从期望中找到希望。这是两种思维的碰撞：一种是马上想到最坏的结果，然后懦弱地止步；另一种是先想到有可能实现的目标，然后积极地去做。在积极思维和消极思维之间，你会选择哪一种？

把精力放到如何实现目标上

遭遇困难是人生的常态，却不是永恒的状态。困难就像海面上的浪花，此起彼伏，这个被解决，那个又冒了出来。重点是我们对待它的态度。我们是愿意迎着浪花前行，还是害怕遇到巨浪而退却？

在华尔街投行有丰富工作经验的投机大师维克多·斯波朗迪素来以“赌博”式的思维取胜，他讨厌别人向他提“困难”二字，认为这是弱者才有的行为。他借用打桥牌举例说：“成功的人生并不在于握有一手好牌，而在于把一手烂牌打得可圈可点。”维克多在开会时总是会向下属提到一个理念：不要被可能出现的问题吓倒，因为你无法决定问题何时发生，所以，要时刻将自己的全部精力集中在如何实现目标上！

维克多说：“赌博也是一种手段，为了赢而努力，考虑怎样才能达到目的。我喜欢这样的人才，同时我也热爱这样的世界。”

与维克多相比，不少人还未行动就已经被困难吓倒了。他们常常自怨自艾，悲叹自己的能力低、命运差。他们的眼睛看到的总是困难和逆境，觉得自己很难迈过这道坎——“难度这么大，即便我倾尽全力也不会成功吧？”

当一个人出现这种沮丧的心态后，就会觉得自己不如别人。如果长期处在害怕战胜困难的状态中，他就会怨天尤人，或者认定自己一无是处。处在这种状态中，他的思维方式是向下的、消极的，无法认清自己，也没有能力聚集目标。

连任四届美国总统的富兰克林·罗斯福在自传中说：“我没有任何专长，每一方面都属于中间水准。有的比平均水准稍高，有的比平均水准稍低。譬如体能方面，我跑得不快，游泳也是勉勉强强的水平；我骑马比较内行，但是离赛马的技术还很远；我的眼力很差，射击往往落空。因此在体能方面，我只是一个泛泛之辈。在文艺方面，亦是如此。我这一生虽然写过不少文章，但是每一篇文章都得涂涂改改，这项工作让我苦不堪言。”

从这段话中我们可以看出，罗斯福是一个很有自知之明的人，他在自己身上看到了无数的问题。虽然他自认为各方面的能力都不算太出色，但他最后却成功了。他凭借的是什么？是他既看到了自身的不足，又能积极地迎难而上；他能制定目标，同时又能努力地去实现目标。罗斯福知道自己倾向于公众事务，喜欢组织与领导，因此结合这一长处制定了自己的人生目标，训练自己的领导能力，使自身的优势充分地施展出来，战胜那些困难，一步步当上了美国总统。

确立目标后不要停留在原地

积极思维给予我们的启示是——当我们确立一个目标后，就不要停留在原地。在实现任何目标的过程中，都会遇到大大小小的困难，但不管有多难，都值得我们去努力。努力的过程，就是证明自己的价值、实践自己的思考的过程。

美国女运动员芭比·迪得瑞克森·札哈里亚斯（Babe Didrikson Zaharias）是1932年世界奥林匹克运动会上的英雄人物，她独得了八十米跨栏、标枪双料冠军和跳高亚军。这已是了不起的成就，足够她荣耀一生，但她没有因此而满足。奥运会结束后，札哈里亚斯又转习打高尔夫球，不出数年便夺得了英美两项相关业余大赛的冠军。

人们称赞说："她是一个天生的运动奇才，注定要得冠军，无人能及！"不过，札哈里亚斯并不这么认为。事实上，她每一次夺冠的历程都是一场与各种困难的搏斗史。比如，札哈里亚斯并不了解打高尔夫球这项运动，需要从基础学起。为了尽快掌握打高尔夫球的技巧，她收集资料，请教老师，分析如何挥杆，研究球速及球运行的曲线，直到认为自己完全了解为止。在训练中，她每天坚持12个小时，平均一天击出1000多个球，一直练到手都抬不起来。在高强度的苦练后，她战胜了一连串的困难，最终成长为打高尔夫球的高手。

这就是一个人成功的代价。对未来不抱有积极的心态，对目标没有强大的专注力，对方法没有专心的研究，怎么可能成功呢？一个心态积极、行动坚定的人，上天都愿意帮助他。通过努力，问题将一个接一个地被解决；通过努力，目标就会从远景变成伸手可触的事实。

在聚焦目标的过程中寻求突破

为了锻炼学员的意志力，我们在一个周末组织了30个人去洛杉矶郊外的“秃头山”进行拓展训练。在距离山脚尚有5000米的公路上，我和学员下车，然后我宣布了这次训练的计划：每个人都要背着沉重的行李，沿公路步行到山脚下，在山脚下休息半小时后再爬到山顶。我们的目标是什么？是爬到山顶。但是，在训练途中，不少人到达山脚下后就拒绝再向上攀爬，只有6个人成功爬到了“秃头山”顶。

第二天我们进行总结，这是关键的环节。我们先让失败者发言。有位先生失落地说：“我一路上都在想，赶紧到山脚下吧，到了那里我就能歇一歇。我不敢抬头，因为害怕山顶的高远会带给我压力。”这位先生在自己的潜意识中将步行5000米视为最大的目标，他根本没有去想自己应该如何爬到山顶。

接着，我们让成功者公开自己的经验。有个人说：“很显然这是一个分两步走的计划。为了爬到山顶上，我们要经历两个阶段：第一个阶段是步行5000米，这是比较轻松的任务；第二个阶段是登上山顶，那将比较难。在任务开始后，我利用步行的时间思考怎样比较节省力气地爬上‘秃头山’。因此，我尽可能保持呼吸平稳和步伐稳定，为后面爬上山顶积蓄气力。这样，我不知不觉就到了山脚下，丝毫没有觉得疲惫。而且，我也想到了爬到山顶上的办法。”

- 为了实现目标，要努力收集自身具备的一切资源。
- 为了逐步解决困难，要理性地分析产生困难的原因。
- 为了集中释放自己的能力，要排除所有的干扰因素。

不要在一开始就想到困难，而是要放平心态，集中精力去思考，这样我们就能轻松地战胜困难，并且找到一些解决问题和实现目标的方法。这既是行动的技巧，又代表了一种锲而不舍的精神。

在发现镭元素的科学研究中，居里夫妇连续做了48项实验，但无一项成功。居里先生十分泄气，但居里夫人却说："我只要活一天，就绝不放弃，即便再过一百年才能找到镭。"只要有这种精神，遇到再多的困难，我们都能积极而主动地看待目标，并向目标进发。

消除对于"开始"的恐惧

回到我和葛莱士"黄金二人组"的经历。在洛杉矶，我们曾一起做过四个月的销售搭档，共同撑起了公司销售部门三分之一的业绩。在公司接近80名推销员中，我们两个人就拿下了30%的销售业绩，这简直就是奇迹。因此，后来当我们准备离开公司时，前来送别的同事一致认为我们不管到了哪里，都会取得成功。

葛莱士在工作中有一个特别简单的秘诀，就是想到一个点子，马上就去实施。他不会像一些同事那样停下来研究和琢磨很久，才小心翼翼地开展计划。他认为任务紧迫，没有太多时间去仔细衡量风险，任何销售理念能否成功实施，都不是在会议室讨论出来的，而是在实践中验证出来的。

他说："无论是营销类书中记述的道理，营销大师告诉我们的方法，还是你在实践中的探索，都面临一个问题——万事开头难！开头最能考验人，你每拖延一分钟，对开始的恐惧感就会不断增强。拖延得越久，这种恐惧感就越严重，给自己造成的压力也就越大。如果你把一个计划推迟两天再执行，可能已经没有了任何行动的勇气。在这两天中，你会想到许许多多不利于自己行动的因素，这些你想象出来的因素会不断地加重自己的恐惧。”

首先，正因为恐惧开始，所以必须马上干起来。因为在干一件事之前，谁都不知道结果是什么。我们是积极行动还是消极拖延，才真正决定了最终的结果。

其次，万事开头难，但成功走出第一步后，一切都会变得简单。干任何事情都有一个困难的开始，特别是干一件陌生的事情，更是难上加难。但在实践中我们会发现，一旦做好了第一个环节，成功地走出了第一步，后面的事情就会变得简单起来。

我们为什么恐惧“开始”

第一，认为自己经验不足。

“经验不足”是我们最能拿上台面说的理由。不敢去做，于是就给自己找借口：“我没有尝试过这方面的工作，不知道如何处理其中的细节。”没有经验，又怎么开始？没有经验，恐怕也做不好。这听起来似乎很有说服力，不是吗？在想象自己的经验是多么匮乏时，一些人还会凭空捏造出不存在的事实，比如编造一些“发生在自己身上”的故事，来博取大家的同情，逃避行动。

在去“秃头山”进行拓展训练的过程中，有一位女士下车后便抬不起双腿，她看到前路是如此漫长，5000米的公路再加上1000多米高的山峰，让她望而却步。这位女士从包中拿出水，喝了几口，站在原地一动不动。我从她的眼神中看到了恐惧。果然，她说："我没有爬过山，实在爬不上去。我能在山下等你们吗？"

"没做过"是一个可成立的理由吗？我们在大学刚毕业时大都没有从事过实际工作，是不是就不用去找工作了？一位母亲在生下她的第一个孩子之前，也没有生孩子的经验，是不是所有的妻子就可以拒绝怀孕生子？显然，"没做过"是一个蹩脚的理由，它只会让我们看到扑面而来的困难。

因此，我对这位女士说："这里有十几个人都没有爬过山，但他们已经走出去100米了，你要不要跟上？"她惭愧地笑了笑，马上跟在了我身后。

第二，源于根深蒂固的懒惰心态。

懒惰是心理上的一种厌倦或拖延情绪。不愿做、不想动、再等会儿等拖延心态让工作还没开始做就注定一直被推迟下去。这是非常消极的情绪，它持续的时间越长，我们对开始的恐惧感就越强烈。到最后，我们除了有无尽的恐惧之外，在内心找不到任何积极的情绪。

所以，我常常对我的学员说："不管事情有多难，你们在潜意识中的第一个念头都不能是疑问句，而是肯定句。"肯定行动的意义，特别是正面的意义：

· 我确定这件事对我很重要！

· 我确定自己可以做好！

· 我确定自己有充足的经验应对可能出现的困难！

· 我确定这件事“不做就会死”！

诸如此类的肯定句，可以极大地激发我们行动的勇气。我们要在一开始就勤奋起来，压制“再等会儿”的消极情绪，不假思索地去做，将开始行动的难度降到最低。

乐观地计划行动后的结果

葛莱士的成功还源于他是一个很乐观的人。他习惯在做计划时就把行动后的成果一一摆出来，用这些好的可能性来激励自己：只要立即去做，事情就能被很好地解决，客户就可以在订单上签上自己的名字，公司就能发给我可观的奖金……他预言，几乎每一位客户都能被他说服。为此，他还准备了相应的推销方案。不得不说，他总是能成功。

然而，他过去也曾是一个悲观主义者。葛莱士说：“悲观和谨慎带给我的教训，让我终生难忘。在我第一次上街推销时，早晨8点出门，站到了车水马龙的大街上，直到10点还不敢开口说话。无数的路人从我身边经过，几乎每一个都是绝佳的推销对象，但我就是不敢开口。我心想，再等一等，遇到下一个人我肯定过去向他推销。但这样的拖延无休无止，内心的恐惧也越来越强烈。”当害怕迈出第一步时，“迈出第一步”本身就成为一个难似登天的目标，拖延的时间越久，其难度就越大。

有过这次教训后，葛莱士调整了心态。他明白，一切成功都始于勇敢的开始，开始是决定自己将迈向何处的第一步。打响第一炮，后面的环节都会变得轻松起来。他意识到这是一个关键的问题，将决定自己一生的命运，于是很快做到了战胜内心的恐惧。

首先，要坚定地抛开一切杂念。

在一开始，脑海中生出的杂念是杀死行动力的“毒药”。它们用各式各样的有毒信息诱惑我们，让我们产生恐惧，甚至止步不前。所以，我们必须在行动之初就清空大脑，让潜意识专一地对准目标。我向来都不认为“深思熟虑”是一件好事，尤其是在制订好计划准备采取行动时，这时的谨慎往往会成为阻碍行动的“拦路虎”。

其次，要用阶段性的胜利激励自己继续行动。

只要开始行动起来，不断到来的成功或阶段性的成果就能让我们越来越清晰地看到远处的目标。距离成功越近，我们的信心就会越来越强，也就越容易达成目标。这就像穿越一片茫茫的沙漠，我们越没有勇气迈出第一步，就会对走出沙漠越没有信心。站在那里胡乱想象、瞻前顾后没有任何意义。

转换对困难的“定义”

不要把困难放大

20世纪初，在安德鲁·卡内基的铁路公司，乔治是一名工作相当认真、做事也很负责的列车调度员，他听从指挥，努力做好每一件事，受到人们的赞赏。但乔治有一个缺点，就是容易悲观，一个很小的失误，也会让他否定一切。为了帮他改正这个缺点，他的上司也没少费功夫。

有一天，乔治不小心把自己关在了一辆冰柜车里。当时，冰柜技术刚刚问世不久，很多细节的设计还不成熟。比如，内部没有报警按钮，也没有紧急开锁功能。乔治在冰柜车里拼命地敲打着、叫喊着，可是附近没有一个值班的同事。乔治不断地敲打，直到手掌红肿，喉咙沙哑，也没人理睬他，他绝望地坐下来喘息着。

这时乔治心想：冰柜里的温度在零下20℃以下，如果再不出去，时间长了一定会被冻死。他又想：同事都下班了，肯定要到第二天才能发现自己，这意味着自己死定了！想到这里，乔治的心凉透了，他只好从口袋中掏出纸，用发抖的手写下了遗书。

次日上午，铁路站点的工作人员打开冰柜车，发现了已经被冻死的乔治。人们急忙把他送去医院，但他的心跳已然停止，没有生还的可能。医生很惊讶，因为当时冰柜里的冷冻开关并没有启动，车内的温度还不到零摄氏度，也有足够的氧气供人呼吸，可是乔治竟然死了。乔治根本不是被冻死的，而是被吓死的——他死于内心的恐惧。

恐惧是一种几乎消极到极点的情绪，是我们实现目标最大的敌人。陷入困境时，如果我们感到恐惧，就很容易将这件事定义为对自己“不可逆转的伤害”，然后会在此基础上继续想象，所有可能出现的坏消息和发生的恶劣后果，都会在我们的脑海中浮现出来，使我们更加悲观和恐慌。

2003年，美国有位心理学家对人类的烦恼进行了研究。当时正值全球性的互联网泡沫崩溃的阶段，有许多人失业，也有大量的公司破产。这些都是确实存在的挫折和困境，困扰着当时的人们。但是，他研究的结果表明，在人们表现出来的烦恼和悲观情绪中，有40%是杞人忧天，有30%是对既定事实的烦恼，有12%则是子虚乌有的幻想，还有10%是日常生活中微不足道的小事引发的悲观，只有8%的烦恼勉强有些正面意义。

这位心理学家总结说："即便是在经济和就业形势最糟糕的时候，人们的心中仍然有92%的烦恼和悲观都是自我的，也是没必要的。"

这表明，一些人喜欢放大困难来否定自己的努力，他们的潜意识会通过这种方式帮自己摆脱责任。比如，在被领导批评以后，他们可能会产生悲观的认识："领导根本看不上我，我升职没有希望，而且我在这家公司也待不久了，他一定会想办法把我解雇。"

放大困境，并把它定义为一种"不可逆转的挫折"，我们会从中隐隐获得一丝"正义感"，认为这是必然发生的事情，不因自己努力与否而改变。这时，我们可能会心安理得地不好好工作，以此来对抗领导。但是，这样做恰恰会让我们的境遇越来越糟糕，最终我们悲观的认识决定了最后结果的失败——公司发现我们的工作态度有问题，一定会想办法解雇我们。

摆脱这种状况的办法就是转换我们对困难的定义。我们要告诉自己一个尚未发生的事实：未来一定是好的。也就是说，我们要使自己拥有积极的态度，而不是走向另一个极端——把所有的挫折都视为灾难的开始。保持乐观才能改善境遇，这是有利于我们采取积极行动的基础。我们要这样对自己说："我的能力没有问题！这只是工作上的一次小小的失误，领导说完就忘了。我不会给自己徒增恐惧，因为这对我来说简直就是一件大好事，它提醒我必须注意些什么，加快了我能力的成长，让我更加优秀！"

看看，同样一件事，我们对它的定义不同，未来的发展方向就会完全不同。富兰克林·皮尔斯·亚当斯说："失眠者睡不着，因为他们担心会失眠，而他们之所以担心，是因为他们不睡觉！"他用对失眠的定义来形容那些消极的行动者，认为正是他们这种没必要的担心摧毁了自己的自信，让自己即使有一份伟大的计划也很难去落实。

打开自己的视野

在一次培训中，史密斯作为培训主管对学员们说：“当我们的视野无限宽广时，所有的恐惧都将消失。记住，我说的是‘视野’，不是‘知识’。知识可以让我们掌握生存的技能，但不能消灭恐惧。相反，有时候掌握的知识越多，内心的恐惧往往越强。只有视野才能解决这一问题。”

那么，什么是视野？

· 我们要看到更远的地方，发现别人没有发现的事物和规律。一句话，我们的思考要瞄准未来。

· 我们要能想到尽可能多的因素，综合地考虑问题，而不是习惯性地“一根筋”。

· 我们要知道哪些人是值得自己学习的，是正面的榜样。对于他们的事迹，我们早已了然于胸，随时能用他们成功的经验激励自己。

具备了这三方面的能力，我们就可以做到正视使自己恐惧的对象，找到解决问题的方法。在这个基础上，我们才有让自己乐观的“资本”。这时，我们就能将瞻前顾后、疑虑重重变成为主动出击，去探索问题，增强制胜的心理，用实际行动来消除产生恐惧的根源。

我们要将注意力从让自己恐惧的对象上转移到其他地方——从危险

中发现机遇，从困境中找到希望，从枯燥的氛围和消极的心态中找出那些值得自己期待的因素，把不利变为有利。

以正面记忆替代负面记忆

我在主持面试时遇到过一位希望从事市场推广工作的先生，他叫卢泽雷奇。他之前在曼哈顿工作，两年前搬来了洛杉矶。卢泽雷奇提出了一个奇怪的要求，他希望做市场推广方面的工作，但又不想到外面去接触客户。他还热切地盼望公司可以给他一间独立的办公室，这样他就可以与市场部的同事分隔开来。

“为什么？”我想，所有的老板此时都有这个疑问。

我从简历上看到，卢泽雷奇是一个很有能力的人。他曾经为奥美广告公司工作了6年，具有拓展市场的丰富经验，手里也掌握着大量的客户。但他现在却希望将自己关在办公室里，不想出去跑市场，甚至连见客户的工作也不想承担。

他说：“我过去曾失去过一位重要的客户。那不是一件可以随便忘记的事情，由于自己的工作失误，我慢待了对方，也轻视了那次合作的重要性。对方十分不满，不到一星期，我的名字就上了一些公司的黑名单。”

这件事对卢泽雷奇的打击非常大，在他的记忆中挥之不去。因此，当他从奥美公司离职后，不管去哪里工作，都要求公司为他提供一个独立的办公室——他只想负责信息整理和决策工作，不想涉及与客户直接打交道有关的任何工作；他也不想听见同事在背后议论他。从这个要求中可以看出，卢泽雷奇变成了一个特别敏感的人。

为什么一些负面记忆能够如此强烈地占据一个人的大脑，并影响他今后的行为？除了卢泽雷奇，我还发现不少人有这样的特征。他们会全盘否定自己的工作，就因为自己在过去出现过一些似乎很离谱或不能原谅的失误；对于未来，他们好像完全失去了信心，但自身又是非常有能力的人。这些人在工作中做出了优异的成绩，行动力很强，性格也不错，却被一些再正常不过的失误影响了心态。

产生这种心理的原因在于，他们不善于总结自己的工作和成绩。我认为，人的信心不仅是靠实干激发出来的，也是不断地总结和积累出来的。昨天我们取得了哪些成绩？上个月的计划是否实现了？我们有没有为自己制定一个“成果清单”？这些能够数据化的成绩不仅仅是对自己过去成就的总结，也是对自己未来行动方向的激励。当工作出现失误时，我们可以用它来替代那些负面的记忆，告诉自己：“我已经做得很好了。有了这些经验，未来我会做得更好！”

在公司销售部的例会上，我总是会对下属强调一个原则：“行动是产生业绩的基础，但只有行动还不够，我们必须懂得总结过去的工作，否则就会使自己所有的工作成为一种没有留下任何东西的过程；我们没有从自己的过去中学到东西，体会到成就感，总结出经验，也就会对未来没有指导意义。”

这要求我们必须一边实干，一边做笔记。

首先，要有观察、记录和分析的习惯。

在平时的工作中，我们要将所做的事情、思考过程和想法，特别是取得的成绩，都记下来——自己为什么能成功？自己的优点是什么？我们要适时地把这些东西总结出来，形成一个属于自己的工作体系。有了这些东西，不管将来遇到任何挫折，我们都会很自信地去应对。

其次，确立未来的行动纲领，建立应对困境的信心。

我们要把过去的成绩转化为对未来的指导，并进行新的实践。也就是说，要把“想”衍生为“干”，将经验应用于下一步的行动，激发自己更加坚定的决心。通过运用这个方法，我们就能够更全面地总结自己取得的成绩，发现自己的缺点，积累经验，吸取教训，同时提升自己的能力。做到这一点，在遇到任何问题时，我们的潜意识都不会被负面因素影响。

走出的每一步对未来都有意义

洛琳是 D. R. 霍顿房地产公司（D. R. Horton Inc.）的投资经理，年薪有上百万美元。在别人眼中，她是当之无愧的成功人士。但是，洛琳从不相信传统的成功之路：从哈佛大学等“常青藤”大学取得文凭，毕业后谋求一个高薪的职务。因此，她经常由于不遵循美国上层社会的传统之道而受到非议。但洛琳却说：“我并非不遵循，而是认为还有别的渠道。我支持那些依靠实干经验从底层爬升上来的群体。”

洛琳在得克萨斯州立大学只读了一年就退学了。她认为四年的大学生涯是上中学和进入社会生活之间的一段间歇。她不愿意花太长的时间在学习上，她希望立刻做点儿什么。从大学出来后，她先去了一家服装设计公司，但她的目标不是当经理或部门主管，而是去设计室学习那些基础的技能。每当有人离开一些工作量大、加班时间长、回报较低的岗位时，洛琳便对老板说：“我能把工作接过来吗？”

她在服装设计公司干了一年，但收获甚少。在亲人和朋友眼中，这是她的一次失败的经历。洛琳当然也是这么认为的，她发现自己没有设计天赋，但她同时也认为，“我学到了工作中最需要的东西，那就是勤奋和投入。”她的第二份工作是销售。依靠勤奋好学和全情投入的精神，两年内她就拿到了20万美元的年薪。正当同事们觉得她是下一任部门主管的接班人时，洛琳选择了辞职。

亲朋好友对她的选择十分惊讶：“你别发疯了，到别的地方根本挣不到这么多钱。”洛琳不听劝告，她调查了各个行业的销售行情，经过选择，最后加入一家房地产公司。第一年她的工作很不顺利，做的几笔买卖都失败了，几乎没挣到钱。她白天东奔西跑，晚上还要学习经营房地产公司的课程，进步很明显。但是，当她刚签下一笔很大的订单后由于后期操作失误，给公司带来了巨大的损失，她被解雇了。

洛琳的这次失败无疑给她的人生留下了很大的阴影，使她在一段时间里没办法彻底抹掉这些让她痛苦的记忆。但她没有被打垮。她独自在家思考了一段时间，她要想清楚自己应该从中学到哪些经验和教训。后来，她加入了D.R.霍顿房地产公司。仅仅一个季度，该公司由她负责的部门的成交额就增加了45%。她获得了巨大的成功。

洛琳的成功充满了传奇色彩。她是如何获得成功的？我们会发现，从洛琳离开大学到登上事业之巅的几年间，她对于工作中遇到的挑战一直是持正面对待的态度：不计较工作的难易，也不害怕加班，在每一个阶段的工作中都争取能有一些收获。即便是失败，她也能从中受到鼓舞，很快重新站起来。

可以说，我们走出的每一步，对于未来都是有意义的。

以“局部的胜利”激励自己

即使是做了一件芝麻大的小事而获得的成功，我们也可以把它拿来对自己进行正面的激励。我们要将每一个阶段性的计划都视为一场小战役，完成这个计划便意味着攻占了一个阵地，用局部的胜利激励自己继续向前，实现最终的目标。

一位刚考上哈佛大学的女孩说：“我从来不想自己和别人差多远这样的问题。我知道这个世界上有许多天才，他们比我更有天赋。我认为成长是与自我而不是与别人的较量。所以，我每天都关注自己比昨天多取得了多少进步，多看了几本书，多学了多少新知识。我认为，每一次进步，都是自己局部的小成功，是对自己极强的激励。”

总的来说，要想正面地看待问题，关键就在于如何对比今天和昨天。对生活持消极态度的人——那些精神麻木、忧伤、抱怨或不知所措的人，最大的特点便是偏执地认定今天一定比昨天更糟糕，即使取得一部分成功也无济于事——他们把每一天都视为世界末日，对未来没有任何渴望。深陷于这种状态中，我们就会对计划和行动失去兴趣，不再积极思考。所以，我们必须尽全力避免类似下面这些使自己消极与厌世的心态产生：

· 取得这点儿成功算什么？目标还远着呢！

· 别人都跑出一万米了，我却走了不到十米！

· 我资质这么差，再努力也是徒劳，唉！

记住，请主动从自己的大脑中抹掉这些自我毁伤的念头，转而用

"记录成就"的方式思考：

· 虽然距离目标还很远，但我已经取得了一些成功！

· 我走出了十米，这意味着距离目标又近了十米！

· 虽然我的资质差，但是只要努力就一定可以获得成功！

我们要不断地运用这种激励，把它转化为动力。因为如何看待自己的昨天，决定了我们对待目标的态度。史密斯经常会对别人说这样一句话："一个人能否取得成就，不是取决于他的目标有多高远，而是取决于他能不能一步步地实现阶段性的目标。这些不起眼的小成功是信心的来源，并组成了最后的大成功。"

告诉自己"我一定能干成这件事"

我发现，那些真正成功的人并不是人们预想中的特别自信的群体——他们并非信心爆棚，而是使自己具有某些独特的品质——对未来美好的前景深信不疑。这些人在自己的事业还不起眼时就已经开始相信："我一定能干成这件事！"他们从来不会傲慢地认为自己是特别棒的家伙，但他们觉得自己在某方面与众不同，因此一定能实现目标。

"只要我相信，我就能做到！"这是一种神奇的暗示。对于行动起来会遇到的问题，他们一点儿也不担忧，因为他们相信自己可以将眼前的事情做好，当然包括战胜一切困难。

华盛顿格林沃兹投资公司的前CEO阿比特说："这是一种奇怪的现

象，没办法用科学来解释。我们在寻找合适的项目管理人时，总是希望在他们身上看到这种品质。一个能获得我们投资的人，他一定要体现出这种‘我与众不同’的自信。他可以有各种缺点，甚至项目本身有一些漏洞，但我们要求他一定是个乐观的人，他必须对自己的某些特质坚信不疑，并且对成功有近乎偏执的自信。这样的人就是我们的‘菜’。”

阿比特喜欢的项目管理人所具有的品质，其实就来源于一个人对自己的积极暗示。我们可以认为自己长得不好看；也可以觉得自己不是一个优秀的企业领导者；我们也可以理性地认定自己并非样样都行，但必须坚定地认为自己具有某一方面的强大能力。如果没有这样最基本的自信，我们怎么能将梦想变成现实呢?

“我相信，成事在我不在天”

在培训中，我们借鉴了大量心理学研究成果。哈佛大学文理学院（Harvard Faculty of Arts and Sciences）的心理学家们喜欢使用“自我灵验”这个概念来定义人们对自己的积极暗示——一个人如果用最积极的词汇暗示自己可以实现某个目标，那么他最终实现目标的概率会提升三到五倍。但在我看来，除了使用“自我灵验”外，我们最需要做的是激发自己体内对于成功的某种渴望，进而将它转化为强大的行动力。

持之以恒地学习和尝试，可以让我们掌握“如何成功做到”的秘诀，那就是在潜意识中无比自信地认为“成事在我不在天”。不管过去经历过多么惨痛的失败，跌进过多深的谷底，重点不是我们摔倒了，而是凭借自身的意志力又站起来了。为何经历了这么多失败后我们还没有倒下？从消极的方面无法解释，只能从积极的方面寻找根源。唯一的答案就是：我们具有获得成功的好运，也拥有获得成功的能力！成功和失败，都是由我们自身的判断决定的。

· 的确，我并不聪明，但我一定能做到，因为命运取决于我自己！

· 的确，我并不漂亮，但我一定能做到，因为命运取决于我自己！

· 的确，我并不富有，但我一定能做到，因为命运取决于我自己！

我并不拒绝将这些暗示归类为“自我洗脑”的激励，但它确实非常有效。我们无法逃避的一个事实是——无论我们是积极还是消极地对待问题，问题已然存在。所以，为何不索性把积极的力量释放到无穷大呢？我们要相信自己对事态拥有全部的主导权，任何因素能否起作用，都由我们决定。

在这种情况下，挫折对我们的伤害就变得无足轻重。虽然失败让我们摔了一个大跟头，很可能让我们四脚朝天、鼻青脸肿，但如果我们若无其事地爬起来，继续往前走，最终就能把思考变成现实。有趣的是，越是在此时过于理智的人——他们或许太理性了，越是喜欢综合地考虑问题，在不断碰壁或摔倒后想到的不是继续挑战，而是立刻换一个角度思考：“哦，也许我应该去做别的事情，这件事不适合我！”于是他们往往停止努力，半途而废。这时，他们成了相信“成事在天”的人。

“我具有天生的自我管理能力”

阿比特提到了一些关于项目管理人（创业成功者）的优秀的品质，其中很关键的一项品质是“自我管理能力”。“如何管理自己非常重要，”他说，“这包括掌握调节心态的技巧和丰富的知识，还有强大的自我控制能力，以及无所不在的信心。你必须相信自己正在做的事情，并相信自己可以情绪稳定地管好这些事情。”

哈佛大学文理学院的心理学家肯特联合哈佛大学商学院特意做了一个实验，来测试商学院学生的“自我管理能力”。他们把商学院的学生分成了两组，让他们开始用电脑仿真经营一家公司。在A组，研究人员故意告诉学生，这个电脑仿真题主要是测试“你当前天生的管理能力”；而在B组，研究人员则对学生说，这个电脑仿真题主要是测试“你在过程中学习并且完成最后目标的能力”。这实际上给了学生两种不同的暗示。

测试结束后，肯特发现，两组水平相当的学生在结果上出现了极大的差异。A组的学生在仿真经营过程中表现得不怎么出色，做出了不少错误的决定；B组的学生却表现出了比较有效率的思考和实现计划的能力。由于实验组织者提供的暗示不同，A组与B组的学生所激发出来的行为模式也有差距。简单地说，A组的学生没有展现出掌控力，B组的学生则展现出了这种能力。

参加实验的肯特教授给出了结论。他认为，“你当前天生的管理能力”这个暗示带给了A组学生巨大的压力，他们的信心反而受到了打击，在测试过程中对自己这方面的能力有所怀疑；相反，由于B组的学生只被暗示了一个具体的任务，他们的信心未受影响，反而将内在的对于“自我管理能力”的自信完全释放了出来。

我们要在平时就相信自己可以做到且完全有能力掌控自己的工作和生活，当信心增强到一定程度时，就会实现“自我灵验”。如果我们无比确信自己的能力和成功的概率，那么表现在具体的行动中，就是很高的“目标完成率”。

Part5

不苛求自己，不追求完美

先制定一个适当的目标

事实上，无论我们是否意识到了高效行动的重大意义，它总是在事情完成时让我们领悟到自己在行动方面的不足。因此，为了最终成功，我们需要先制定一个适当的目标。目标是否合理，决定了我们走向成功的难度。

不要制定过高的目标

在我的咨询公司刚开始经营的那几年，合伙人史密斯和普利斯两个人是出了名的“甩手掌柜”，他们只负责筹钱，很少涉及管理。因此，多数工作都压在了我的肩头。我经常在节假日感到焦虑——那段时间我甚至看过心理医生，并自嘲地为自己起了一个“星期六病号”的绰号，因为我每个周六都会去心理医生那里“聊天”。

十几年来，我对公司的各项工作要求比较高，总觉得有一大堆工作等着自己去处理，而且必须由自己去处理。因为我认为每一件事都是“大事”，关乎公司的发展，员工的能力未必一定可以胜任。于是，越是应该休息的时间，我的思绪就越是集中到那些大大小小的工作上。对我来说，工作就像一座座大山，似乎不那么容易爬过去，尤其是我对每一项工作都设置了苛刻的要求，总希望做得再完美一些。

我自己没有休息好，公司的员工也跟着没有假期可休。他们一边咒骂我，一边不情愿地跑到公司加班。由于我的神经一直紧绷着，一会儿对这个合同不满，一会儿又对另一张设计图感到愤怒，于是不断地打电话给他们，让他们立刻到公司来。就这么折腾下来，事情不但没有做好几件，大家反而更累，而且也不开心。

这种情况没有持续太长时间。随后我开始反思，然后问了自己几个问题并做了回答：

· “为什么平时就该处理好的工作却拖延到了月底呢？”——因为我在工作的准备阶段浪费了太多的时间，总是希望能想出更好的办法。

· “为什么公司的事务堆积了这么多呢？”——因为我为公司制定的目标太高，导致公司扩张过快，人员却跟不上。

· “为什么要给公司制定这么高的目标呢？”——因为我希望公司可以尽快成长，最好是在一年内就成为洛杉矶最好的广告公司和培训机构。

这是一种非常糟糕的局面。我想，如果这种局面得不到改善，而是持续下去，公司一定会遭遇巨大的危机——我的事业会由于“目标太高”而停止发展，而自己也会由于想做到100%而只能做到1%。这是可怕的结局，也是坚持“完美主义”可能会产生的糟糕的结果之一。这时我终于明白一点，一个人希望拥有的东西越多，到最后他的行动效率可能就越低，得到的也就越少。

克里斯蒂娜的故事曾经数次被我用到培训中，讲给那些具有完美主义情结的学员。家乡在新泽西州的克里斯蒂娜是一个很有野心的女士，她从大学毕业后就立刻为自己制定了一份“非常了不起的目标”：“我要进入华尔街最好的证券公司，并且在一年内成功做到1000万美元的业绩！”

敢于制定这样的目标很不容易！但是，克里斯蒂娜是财经领域的优等生，拥有名牌大学的学习经历，上大学时就发表了许多有一定影响力的论文，还引起了业内的关注。她是金融机构非常赏识的人才，早在毕业前半年，就有无数的高薪邀约发到了她的邮箱。所以，她对自己的未来特别自信。

然而，当她告诉我这个梦想时，我立刻给她泼了一盆冷水。我对她说："听着，你要做的第一件事并不是研究如何完成这1000万美元的业绩，或者考虑卖出去多少金融产品，而是要仔细思考一下这个计划，看看怎么走好第一步。毫不客气地说，我认为你这个目标能在第一年内完成10%就很不错了。当然，如果你能完成50%，已经是一个让人羡慕的成绩，就等于实现了目标的95%。"

忠告总是不被人喜欢。克里斯蒂娜听了以后十分不屑，对我说了一句名言："您这是在鼓励我当一名无欲无求的修女，而且是在华尔街这种地方。"她说这句话时，脸上显出愤怒的表情。

的确，她很不理解我的劝诫，因为在人们的常识中，从大学毕业后当然要赶紧找一份收入高的好工作，然后立刻大干一场。人生短暂，我们没有多少时间可以浪费，能快速且完美地实现目标是一件多么令人骄傲的事情！克里斯蒂娜不想降低要求，她跟我打赌——如果一年后她实现了这个目标，我必须为她在《华尔街日报》上做一篇专访；如果她输了，就要为我当一年的助理，当然是免费的助理，没有工资。

结果很快就出来了，不到一个月，她进入高盛公司工作，年薪30万美元。但是4个月后，克里斯蒂娜在工作中犯了严重的错误。由于她贪图业绩，经她的手签订的两份商业信贷合同出了大问题，给高盛公司造成了几百万美元的损失。年轻的克里斯蒂娜刚开始展翅飞翔，就一头栽了下来。面对冷酷无情的股市，任何完美主义的幻想几乎都没有生存空间。

这意味着，克里斯蒂娜的目标至少需要往后推迟十年，甚至她这辈子都不太可能实现。她非常后悔，说：“从小到大，我总是给自己制定很高的目标，因为我太自信，太追求完美。假如一个目标没有挑战性，我根本不会去做。但是，现在我才知道，即便实现目标的10%，也很不容易。”

不追求“一步到位”

要想保持工作和生活的高效率，我们在制定目标时就不应该追求“一步到位”。没有人可以做到一次就规划好完整的目标，然后一口气把它实现。这是“完美主义”在任何时代都没有市场的原因。

首先，没有完美的人，也没有完美的目标。

曾经有位学员问我：“这个世界上有没有‘100%达成目标的系统’，只要我们运用了这个系统或方法，就能满足自己的任何梦想？”这是一个既可笑又令人唏嘘的问题。我的答案是——没有！过去没有，现在没有，未来也不可能有！这个世界上没有任何一个人是完美的，当然也没有任何一个目标可以100%地完成，或者可以做到完美无缺。

当一个人彻底清楚了自己的长远目标，并且了解到自己需要为此付出哪些努力后，他就会开始放弃那些追求“完美结果”的做法，因为他知道这不可能实现。

所以，在做任何事情之前，我们都需要为自己确立一个基本原则：我只要一步步地做下去，能把当下的任务做好就已经是一种胜利，至于最后能不能100%地实现自己的设想，最好不要抱有奢望。

其次，几乎任何宏大的目标都不是一步可以实现的。

我们每个人可能都有一个总体的目标，这当然是一件好事，但它很难一蹴而就。尤其是实现目标的难度非常大时，更要学会克制内心的完美主义情结，谨慎且保守地执行。重要的不是能不能100%完成目标，而是能不能走好第一步。

再次，追求完美只会增加失败的风险，降低要求才能顺利地做到。

我对那位学员说："你只要看一看、读一读历史上那些伟大的成功者的故事，就会发现一个事实，追求完美只能增加做事失败的风险，只有适当降低要求才能最终实现目标。"我们首先要接受不完美的自我，其次才能降低对目标的过高要求。也就是说，我们必须具有"知足"心态，要让自己感觉是"幸福"的。因为知足，所以幸福；因为知足，所以不会有太强烈的完美主义情结。

不要把太多时间用于完善计划

史密斯说："之所以完不成目标，是因为你在计划上浪费了太多的时间。"发出这句感慨时，他刚放弃了一个失败的项目，原因是他用了40天时间做项目的宏观规划和具体计划，当他准备筹集资金并成立团队落实计划时，"市场的窗口已经关闭了"。

放在我面前的是一份尽善尽美的商业投资计划书，每一个细节都做到了堪称完美的地步。但是，这又有什么用呢？史密斯遗憾地说："我犯了巨大的错误。"他的内心仍然有隐藏的完美主义情结，无论做什么事情都想追求最好。不过，这次失败也有收获，那就是为我们的培训工作准备了一个很典型的案例。后来，史密斯不断地现身说法，用亲身经历告诫学员，“不要把制订和完善计划当作一天中最重要的事项”。

我们一天的时间只有24个小时，除去花在睡觉、吃饭、休闲娱乐等必要活动上的时间外，余下用来工作的时间一般不超过8小时。即使我们是“工作狂”，也不可能做到一天24小时都扑到工作上。在这8小时中，我们有没有统计一下自己把多少时间用到了做计划上？

30多岁的洛杉矶人巴鲁克参加了我们公司的培训，他曾在好莱坞一家电影公司担任一个剧组的技术主管，负责为电影的拍摄制作道具并提供其他支持。他非常热爱这份工作并投入其中。

但是，半年前的一天，剧组突然通知他：“你可以结清报酬回家了，明天有新人顶替你。”被解雇的那一刻，巴鲁克的眼神中充满迷茫。他的工作做得很好，几乎每个人都称赞他是细节大师，而他更是以“技术圣徒”自称。因为他对拍摄技术的细节苛求高标准，他认为这样做才能保证优质电影问世。

问题就出在这里。当天晚上，编剧给他打来电话，一边安慰他一边指出他的错误：“听着伙计，不要抱怨。导演认为你太慢了，他不希望技术工作占到电影拍摄周期的三分之一还要多，其他公司用3个月来干这些活，而我们已经浪费了5个月。”

“可是，电影的质量怎么保证？”

“这当然很重要，但你准备的时间过于长了。”

巴鲁克回头想想，事实的确如此，他总是在修改计划。设计组送过来的道具图纸，他总是会打回去让他们重新修改，有的已经修改了几十次，他仍然感到不满意。设计组的同事都是白痴吗？当然不是。巴鲁克这时才觉得自己的要求太高了，即便百万分之一的不协调，他也不能容忍。这使他的技术准备工作一直没有完成，导演失去了耐心。

制订计划的“时间上限”

我的建议是准备一个“时间标尺”，每当要制订行动计划时，就用这个标尺进行丈量并制定“最迟完成”的时间：“本月10日前，无论计划是否定下来，我都要先干起来，即便一边干一边修改计划。”这是一个硬性的标准，既能逼迫自己加快做计划的速度，也限定了最迟的启动时间，防止把精力都用到无限期地完善计划上。

不要频繁回头检查计划

有的人经常感到自己很忙、很累，几个月操劳奔波下来，没几天休息的时间，但根本不知道自己做了些什么，总是发现手中的计划还没有完成，甚至有些重要的事情根本没有开始做。这时候他就感到疑惑：“我明明列出了计划清单，为何至今那些重要的目标一个都没有实现呢？”

忙了很长时间，感觉一件事情都没有做成，这是为什么呢？有一个原因会造成这种情况——当我们认真做好计划，然后又返回去重复多次检查计划时，我们的大脑就会进入一条奇怪的轨道——不断地思考那些计划好的、尚不完美的部分，即便行动中亦是如此——导致行动的速度大大减缓，但我们却毫无察觉。

为了减少完美主义带来的伤害，我们要为大脑的思考建立一道防火墙。比如，我们要告诉自己：“在我采取行动后，就不要回头思考计划本身。”或者说，我们应该在制订计划的过程中明白拖延的严重后果。为此，我们完全可以夸大拖延、失败或行动缓慢的代价，并把它们写下来。通过持续的自我警告，就可以杜绝投入过多的时间和精力去思考计划，增强对行动的渴望。

把注意力放在“短期目标”上

在行动的当下阶段，我们应该时刻把注意力放到“短期目标”上，用“松弛”的心态完成那些较容易完成的工作。当形势发生变化时，就应该修正目标。但要记住，在实现目标的过程中，完美的结果是不存在的，我们自身的提高比达成目标更加重要。

先完成“起点目标”再谈别的

如果我们已经做好了人生和事业的整体规划，我们大概已经看清楚了自己的远景目标和当下的起点——为了达到目的需要做的准备和自己拥有的资源。明白这一点对我们成功达成目标很重要，它是我们迈出第一步的基础。没有起点，就无法开启自己的行程。

所以，完成“起点目标”是不可或缺的前提。不管我们的理想有多么美好，规划有多么伟大，我们都要先完成眼前的第一步工作。比如，对于做投资、项目或经营公司的人来说，为了建设这个平台，必须考虑资金是否到位，团队是否组建完成。如果没有，那就先保证自己具备这些条件，再去制定和完成下一个阶段的目标。

目标实现的难度要低且容易理解

鲍勃·汤森在他的《步步高升》一书中说："领导者的重要作用之一，是使机构的全体同仁全神贯注于既定的目标。"我们中99%的人不是领导者，但同样需要有某样东西来明确地指引自己，使自身可以把精力集中在当下的目标上。

要做到这一点，我们需要坚持三个原则：

· 当下的目标应该是中短期的，实现起来难度较低。

· 目标要容易表述和理解。

· 目标应该让人集中精力，不易分神。

对"表述目标"这个概念，我们应该有所了解。高效能的人士——无论是个人还是团体，都应该懂得通过清楚地表述目标来指引自己或成员的一切行动。把目标表述清楚有利于我们集中精力。此外，实现目标的难度较低，也可以最大限度地调动自己和成员的信心。这就像爬山一样，如果我们的目标是爬上海拔2000多米高的山顶，我们不一定能鼓起勇气；但如果是爬上眼前50米高的台阶，我们会很有自信。整体目标就是通过一个接一个地实现短期目标而达成的，而实现每一个短期目标都是较为轻松和指向明确的。

目标的"可表述性"在于，它能让我们把自己的想法、目的有条理和无歧义地表达出来：

· 我想做什么？

· 我应该怎么做？

· 用多长时间能做完？

· 做完有什么收益？

我们应该把这些关键要素表述清楚。说到底，为了使自己集中精力，并放弃完美主义倾向，高效率地完成既定的计划，我们要不断地分割整体目标，让每个中短期目标都简单好记，利于实现。这要求我们必须把目标定得具体可行。比如：

· 在一个月内，我要帮公司卖掉50部手机。

· 在未来的一星期内，我要跑步三次，每次30分钟。

这两个目标都有明确的数量和时间要求，表述也清楚，行动的指向性也很清晰。在这种情况下，完美主义就没有了立足的空间。但是，当我们想要实现长期和宏观的目标，例如，“两年内完成两千万美元业绩”的销售计划或者是“一年内减掉50斤赘肉”的减肥计划，实现的难度可能非常大。所以，必须尽可能分割目标，在“当下的每一段时间”里，完成一件比较容易完成的任务。

目标必须能帮助自己更进一步

假如我们发现当前制定的目标与自己的人生理想或现实要求不符——做这件事不能产生正面的意义，我们就有两个选择：

· 放弃这个目标。

· 重新进行评估和修正。

在两者中，我们必须选择其一。我们计划做的任何事情都应该能够帮助自己提升，使自己朝着理想的方向更进一步。如果我们制定的目标与理想不匹配，就很可能无法实现最终的理想。因此，我们可以测算、分析一下自己所有的目标，从中挑选出2到5个选项，分别看看它们给予我们的意义和回报。

这个方法能帮助我们弄清楚制定的目标是否符合自己的实际需求。当我们可以从中看到积极的意义时，它就是可取的；反之，我们要果断地舍弃它，重新寻找能够帮助自己走向最终成功的目标和方式。简而言之，我们为自己制定的任何一个目标都要具备这样的特征——不要求它能让我们取得多大的成绩，但要有激励意义。然后，我们要尽可能使它具体、明确，并制定完成的时间。

先力求完成，再逐步完善

费城的Groundswell设计公司的业务涵盖了公寓、美图及城市中心广场设计等，成立至今一直以高端的风格闻名业内，很多设计都拿到了行业内的大奖，被业内无数的完美主义者奉为学习的对象。但公司设计部的主管奥提斯·格林在接受采访时却说：“Groundswell公司之所以能成功，是因为我们奉行‘反完美’。”奥提斯认为，他在公司工作的8年时间里，正是自己从完美主义者向“不完美主义者”过渡的阶段。他用极夸张的手势表达了对完美的厌恶。

在刚拿下富兰克林中心广场绿化带的设计任务时，Groundswell公司和同行大部分的公司一样，希望组织一支精英团队，准备一次性完成高质量的设计图，以求打动客户，拿到长期合作的合同。但是，奥提斯发现，他们在费城根本找不到足够的工程师和城市广场规划师。事情还存在另一种可能：由于强大竞争对手的存在，他们在短时间内雇用不到优秀的人才。

奥提斯并不愿意仓促地开始设计工作，当董事会要求他以最快的速度做好初步的设计图时，他一度选择拒绝，并且说："我需要至少4个月时间做基础的准备工作。"以他的性格，粗糙的作品绝对不能问世。但董事会反复催促，费城市政部门的工作人员也很不高兴。奥提斯只好用了1个月时间就带领7个人的团队做出了一张他认为很"粗糙"的图纸。

虽然行动仓促了一些，但结果却很好。图纸交上去不到3天，客户的反馈就过来了："我们很满意，现在你们可以完善图纸了。"

像这种无心插柳的"成功事件"在Groundswell公司的历史上经常发生，反而比那些精心准备的设计作品更受客户欢迎，市场反响也更好。这不由得让奥提斯深思，并开始反省以前的想法——事事都追求完美真的正确吗？一个完美想法的市场转化率有多高？

为此，他为公司的设计人员总结出了两条工作原则：

· 先力求完成，再追求完美，因为完成比完美更重要。

· 对计划不要有偏执的功利心，因为成功总是出现在我们意想不到的时刻。

想法越是接近完美，它的市场转化率往往就越低。这是毫无疑问的。一些人喜欢把所有的情况都考虑得“天衣无缝”，但真正执行起来才发现大部分因素都发生了变化。“变化”是这个世界的本质和常态，我们今天看到的，明天未必仍然保持原样；我们对未来的一切预估，都建立在今天的环境基础上，但环境无时无刻不在发生变化。

奥提斯说：“但凡你在前期很刻意地去迎合、创造的东西，大部分都不会成为最终的作品。”所以，当我们的大脑中有一个初步的想法时，不要着急去完善它，而是先干起来再说，干完了再把它变得更完美。对于多数人而言，这是达成目标最经济的一条道路。

重新审视“理所应当”这一观念

杨先生是一位在北京工作和生活的工薪族，不久前他给我的机构发来一封邮件，讲述了自己身上存在的问题。他身上的问题与理想有关：“为什么我无法实现自己的理想？我努力工作，从不偷懒；我人品端正，为人诚实守信，深受朋友和同事的尊重；我热爱这座城市，守规矩，也有同情心，可距离自己的目标却越来越远。”

他给了自己太大的心理压力，因为他觉得下面这些目标都是自己“理所应当”达成的：

买辆汽车——刚考上驾驶执照，但买车尚有一段距离，对月薪不足6000元的杨先生来说，这是一笔不小的开支。

买房和定居北京——这是他在北京读大学时就定下的目标，可惜现在看起来也是遥遥无期。

成立自己的公司——这是他的远景目标，但他悲观地说：“对一个连汽车都买不起的人而言，梦想开公司现实吗？”

杨先生还有许多梦想，他把它们都写在了自己的“梦想清单”上。这是他的人生硬指标，是他认为自己必须实现的目标。但是，现实往往很残酷。杨先生大学毕业后没能找到理想的工作，只好屈居于一家规模较小的公司，工作四年了仍是部门的普通职员，收入远未达到当初的计划。四年前，当他刚参加工作时，写在计划上的目标是：“第一年我要拿到8000元的月薪，第二年月薪必须过万，第三年我要成为公司的中层管理者，第四年我就可以离职创业了。对我来说这是理所当然的，因为我从小到大成绩都很优秀，留在北京也是很自然的事情，我是家人的希望。”

但是，现在这一切都成了“笑话”。巨大的压力让杨先生患上了严重的焦虑症，理想的美好和现实的残酷使他很难接受现状。他不甘心，但又处于进退两难的境地。因此，杨先生希望我给他一些建议，帮助他选择一条“正确的道路”。

面对苛刻到难以完成的目标，什么才是实现它的“正确的道路”呢？我的回复是：“没有任何计划可以帮你实现这些梦想，理由只有一个，这些计划都是不切实际的。而且当你将自己的人生目标定义为‘必须得到的猎物’并将其视为理所当然时，你已经把自己架到了熊熊燃烧的火焰上。”

不要将目标制定为“必须完成”

十几年前，我也有过与杨先生类似的想法。公司在洛杉矶成立后，我与合伙人史密斯、杰米·普利斯在制订未来的经营计划时，总是在潜意识中把那些美好的计划视为自己必须完成的神圣使命，并倾尽全力去完成它。但在变幻莫测的市场中，公司遇到了这样或那样的挫折，令我无法接受。

给自己的压力越大，失败后的挫败感往往就越强，这是完美主义者的通病。我总是在想："经营不就是按照计划去执行吗？做完这一个，就该做下一个。如果这个计划失败，执行下一个计划又有什么意义呢？"就这样，由于不能面对自己的"不完美"，我的思考无法专注。有一段时间，我甚至不清楚自己还能做什么，一度感觉没有什么工作是自己可以胜任的。

"凭什么你必须做到？"后来，我这样质问自己，"为什么你一定要将自己和团队逼入没有退路的境地？不要相信那些逼死人的励志语！这个世界不是你想干什么就干什么，你必须立足于自己的实际情况，制定符合现状的目标，并且要灵活地执行。"

对目标做阶段性检查和修正

为了能在执行工作计划时降低心理压力，我做了一个小册子——把所有的目标完整地写在小册子上，总共写了30多页，上面还记录了资源、团队、市场等各种要素。然后，我估算这些目标的可行性和实现的难度，把执行的情况也随时记录在上面。

这个小册子最重要的作用在于，每当遇到"无法逾越"的难关时，我就会在上面写上两句鼓励自己继续努力的话，给自己打气，同时会在内心用对话的形式询问自己：

- "你确信这是必须实现的目标吗？"

· “是的，我确信！”或者，“不，我不确信！”

· “你认为如果不能实现这个计划，事业就将停滞不前吗？”

· “是的，我确信！”或者，“不，它不是我必须做到的！”

通过这种方式，我为自己设立了一个提醒机制，思考如何迈出下一步。我们还需要对制定出来的目标做阶段性的检查、修正，然后以发展的眼光进行评估，并且在遇到无法解决的问题时及时调整目标。

· 上一个阶段我完成的如何？

· 下一个阶段我应该如何行动？

· 有无需要补充的地方？

· 我的效率是否还应该提升？

2014年至2020年的6年时间是公司的成长期，无论业务还是人员都飞速扩张，但是内部决策并没有像业绩体现的那样一帆风顺，我们的经营方向至少经历了5次重大调整——放弃了原定的目标，修改经营策略，避开了很多风险。提醒机制在其中起到了很大的作用。

在小册子的激励下，每当实现一个新目标后，我都会产生非常强烈的成就感。同时，当我计划放弃一个目标时，也不会为此感到愧疚或自责。因为小册子上记录了目标之所以无法实现的原因——这是现实的选择，是适应形势发展变化需要而主动做出的调整。我不再对目标感到恐惧，也逐步克服了工作过程中的完美主义倾向。

这个方法起到了非常积极的作用，因此我将它推荐给了我公司的每一名员工，并且说：“我相信每个人都是真诚、努力和勇于做事的，我相信你们都是‘自信’的朋友。但请你们一定记住，面对目标，如果我们每个人都做到了尽力而为，那就是最大的成功。”

把重点集中于发挥自身优势上

这个世界上几乎很难找到完美无缺的人。华为集团总裁任正非在一次演讲中说：“金无足赤，人无完人。完人不是说没有，而是非常稀少。我不希望大家去做一个完人，因为做完人是很痛苦的。”

盖洛普咨询公司前董事长、成功心理学创始人之一吉姆·克利夫顿非常重视一个人在行动中发挥优势的能力。他说：“一个人要成功，首要的因素在于发挥自己的优势。”这要求我们不能弥补好了缺点才开始干，而应在干的过程中发挥优势，然后逐步改正缺点。

每个人都是不同的，既有优点，又有缺点。科学家通过长期的研究发现，相比于其他生物，人类至少有四到五百种优势，从生理到心理，从体型到机能，从性格到情绪，从智商到情商，涵盖了各个方面。优势的数量不重要——具体到个人，我们当然不可能几百种优势都有，更重要的是应该知道自己最擅长什么，也就是赖以生存的一技之长，然后把自己的思考和行动建立在这些优点的基础上，这样我们就能大概率获得成功。

不要妄想成为一个“无所不能”的人。我们可以想到做一件事情的一切可能性，或者也有可能会掌握做这件事的全部知识，但不可能做到完美无缺。对任何人而言，要取得一定的成就，就得多想想自己的优势是什么，围绕自己的优势做文章。

找到自己的优势的前提是认清自我，做好定位。怎么才能认清自我和做好定位呢？核心原则就一句话：在“想干什么”和“能干什么”之间找到平衡。我们不仅要干自己想干的事，还必须努力去干自己能干的事，从而获得一个正确的定位。成功者都是先做好了定位，认清了自我，然后在简化思考的前提下不断地做减法，在发挥优势的基础上不断地做加法，最终才取得了成功。

来自北京的一位年轻学员刘先生是长江商学院毕业的高才生，现在在北京望京的一家贸易公司上班，老板也十分器重他。但他正陷入自我认知缺失的苦恼中：“当我看到别人在做一件事时，自己也想去做。他们好像干什么都很出色，而我却不行。所以，我总是隐约有一个想法，希望自己能跟他们一样。对我来说，这是一种强烈的召唤，我就是想去做。”

他希望在做好本职工作的同时，也能胜任其他的事情。结果怎样呢？别人擅长的工作，他并不能胜任。时间久了，他对自己很不满——我连这些简单的工作都做不了，何谈成功？

在我看来，刘先生的潜意识在执行一个追求完美的命令——别人能做的我也要做，强迫自己完成一些不太可能完成的任务，也在“放弃自我”——他忽视了自身的优点，为了获得自我认同感，试图重新塑造自我。显然，这是一个不太可能达成的目标。

一般来说，人们在工作中都想弥补自己的缺点，很少去分析自身的优点。这就像有些误人子弟的培训专家大费周章地用各种课程教人把时间都用到“纠正自身的不足”上，仿佛不如此就不能“进步”。事实上，当一个人把主要时间和精力都用于弥补自身缺点上时，他就没有办法集中力量发挥自己的优势，很多计划都会因此停顿，不能及时高效地完成目标。更何况，一个人身上大部分的缺点是与生俱来的，属于性格因素，很难纠正。

所以，我希望每个人都为自己树立这样的目标：

·我不要努力去做完人。做完人既不是实用的目标，也不是实惠的理想。我不能将自己一生的主要精力用于改造自身缺点，等我改造完了这些缺点，我可能已经人到中年甚至老年了。

·我要把自己所有的时间和精力都用到为自己和他人创造价值上。如果一个人辛苦努力仅仅是为了让自己变得更完美，而不是让自己更有价值，或者说为这个社会创造价值，那么这种完美毫无意义。

·我要重视和开发自己的优点。这并非否定“改造缺点”的必要性，而是让自己明白，不要制定太高的目标，不要无谓地给自己施加压力。

在现实生活中，我们如何才能知道自己有哪些优点呢？当我们完成一件工作后产生强烈的满足感；当我们在做一些事情时有某种“无师自通”的天赋；当我们总是能行云流水、一气呵成地完成工作，请注意这些信号，它们就在告诉我们——喂，这是我们擅长的，请多发挥这种能力！开发并强化这些优点，我们就能将相关的思考转化为成果，取得优异的成就。

最大化发挥自身的优势

亚利桑那州一位名叫杰尼的小伙子，从小就非常喜欢打篮球，并立志要成为一名职业篮球运动员。在进入亚利桑那州立大学后，学校推荐他去菲尼克斯太阳队试训。面对这个难得的机会，有篮球梦想的杰尼却犹豫了，他已经18岁了，但身高只有一米七八。在上大学期间，虽然他是校篮球队的最佳得分手，拥有出色的外围得分能力，但他始终对自己的身高耿耿于怀。

“能在NBA打球的球员都有一米八五以上的身高，大部分球员都在一米九甚至两米以上。我的身高可以吗？”

杰尼每天都纠结和困扰于自己身高的缺陷。他认为一个完美的篮球运动员必须拥有两米以上的身高和出色的球技，而他似乎还差很多。

后来，菲尼克斯太阳队选秀部门的负责人来到亚利桑那州立大学，学校安排了一场比赛，杰尼就在场上。比赛还没结束，这位负责人就在笔记本上写下了杰尼的名字。他说：“我要签下他。”在评价杰尼时，他说道：“这个小伙子虽然身高不占优势，但弹跳能力惊人，对抗能力强，速度也很快，外围的三分球技术即便在整个联盟中也非常优秀。他有自己独特的优势，是太阳队所需要的。”

为什么不追求完美的人反而有机会获得更大的成功？因为他们能够看到自己的长处，并且愿意去最大化发挥自己的长处。与完美主义者相比，他们往往不会痛苦地思考自己的缺点并深陷其中，而是着力于尽可能放大自身的优势。所以，我们没必要在自身缺陷的问题上纠缠不休，相反，我们应该更多地将自己的优点展现出来。把优势最大化，就能获得认可并取得出色的成绩，就像杰尼一样。

从一开始就要扬长避短

凯文是芝加哥一家职业咨询公司的顾问，常年都会接触到很多因工作不理想而前来咨询的人士。“他们一脸惆怅。”他说，“问题的症结在于‘现实总是不完美’，他们的要求又太高。我遇到过一个小伙子，他毕业于普林斯顿大学，拿到了高学位，但他失业已经六个月。也许你会问，为什么会这样？原因很简单，他做了错误的选择。从普林斯顿大学毕业的人就一定能在华尔街获得一席之地吗？不，如果他不能认清自己，不能选择对的方向，不能做自己擅长的事情，他也许一辈子都在跟猎头公司打交道，唯一能做的事就是请求别人给他介绍一份像样的工作。”

工作本身没有所谓的好与坏，当然更没有“完美的工作”，而是要看我们能不能扬长避短。前面我讲过，一个人不能只忙着修补自身缺点，而是要发现自身的优势，了解自己最擅长什么。体现在职场上，就是选择一个适合自己的职业方向，努力成为自己所在领域内的专家甚至大师级人物。

有一次，我在上海遇到一个女孩小陈，她刚刚大学毕业，正处于事业的规划和开始阶段。小陈就读的大学很一般，不能给她很高的起点。她自嘲说：“我是从一家全中国排名500位以外的学校毕业的，我肯定不能靠学历找一份好工作。”小陈只能靠自己的努力。所以，她先简单地分析了自己，把所有的缺点和优点都罗列出来：

“我上的学校不太好，在上海不容易找到特别好的工作，但我抗压能力强，愿意吃苦，愿意从简单的工作做起。”

“我的外在形象一般，口才也差，但我思维缜密，理性思维能力强，适合从事规划类的文职工作。”

通过这些分析，小陈找到了自己的职业发展方向。去什么行业才有利于自身的发展？做什么才能施展自己的才能、规避自己的缺点？搞清楚了这些，小陈的心中就有了底气。后来，她成功地在上海一家广告公司找了份工作，后来还成为这家公司策划部的主力。她说：“策划工作有利于发挥我的优势，我不追求事事都能做好，事实上这是不太可能做到的，我只要将自己的优点全部发挥出来就可以了。”

Part6
稳扎稳打，终能步步精进

先接受环境，再徐图改善

每个人或许都“心怀远大的梦想”。梦想给予我们生活的信心和创造未来的勇气。但是，社会环境并不是完美无缺的，有各种各样的不利因素阻碍着我们实现梦想。对此，人们做出了不同的选择：有的人会主动改变自己，适应环境的需要，修正自己的发展方向；有的人则拒绝改变自己，拒绝适应环境，在原地徘徊，甚至选择逃避或溃退。

他们安慰自己说：

· 再等等，到条件成熟了我就开始。

· 不是我不愿意干，是没有适合我的平台。

· 与同事的关系处不好，没有人能理解我。

他们往往特立独行，拒绝适应环境，一厢情愿地希望环境能发生改变。他们就像史密斯形容的，是“一只懒惰的、高智商的虫子”。结果，等来等去，梦想仍然只是梦想，目标还在远方，因为不管环境变成了什么样，总会有一些不利于行动的条件存在。这个世界上没有让人绝对满意的环境，因此，我们必须正视现实——要么一直等下去，什么都不做；要么先学着适应环境，在不完美的条件下实现梦想。除此之外，我们别无选择。

我们都知道，身体健康很重要，工作压力大时，平时就需要多锻炼。很多人也给自己制订了许多锻炼计划——跑步、打球、游泳、爬山……可最终坚持下来了吗？很少有人能长期坚持。当你询问他原因时，他必然回复说被一些“不可控的客观因素”打断了，例如时间紧张、天气不好等。总之，不是自身原因造成的。这么多年来我和史密斯的“锻炼计划”，就曾经被无数的“客观因素”打断过，乃至我们很少能够连续三天坚持跑步。

多年前的一个秋天，我带着自己的“跑步计划”在北京居住了两个月。上飞机前，史密斯警告我说：“喂，伙计，我听说那里空气不好，和洛杉矶一样糟糕（洛杉矶被认为是美国空气质量最差的城市之一，同时全美国空气质量最差的十座城市中有七座在加利福尼亚州）。我建议你暂时放弃跑步，更何况你在美国也没怎么跑过。如果你实在想锻炼身体，就在室内走走吧。”他戏谑地说，“在室内走步是我最新发明的锻炼方式。”

到北京后，我发现这里的空气比自己想象得要好很多；而且史密斯的话终于让我意识到，我们的锻炼计划从制订到现在就没有好好执行过，而我们始终在把责任推给外界。

于是，我决定借此机会解决这个问题。我先写下自己对健身的要求和目标：

· 为了身体的健康，因为我有容易感冒的体质，跑步是有好处的。

· 每天按时跑步对调节工作中的情绪也有好处，有释放压力的作用。

· 早晨跑跑步，保证一天都有好心情。

跑步有这么多好处，为何在过去几年里我和史密斯计划良久却始终没有养成这个好习惯呢？我又写下了原因：

·我们对天气、温度的要求太高。两个人都有一种情结，认为在天气晴朗、凉爽且阳光明媚的时候跑步才是一种享受。

·我们工作繁忙，平均每过几分钟就要接电话；晚上加班到深夜，早晨累得要死，有时就不想起来跑步了。

总之，跑步没成功，我们不认为是自身的原因，也不想费太大的精力调整自己，所以就拖延到了今天。看到这些内容，我立刻觉得，自己是一个对环境适应能力很差的人。我既想锻炼身体，又要求环境符合自己的标准，一年四季恐怕也没有几天能落实这个计划。因此，我痛下决心："次日不管是什么天气，我都要出去跑步15分钟。"

抱着这个决心，第二天早晨起来，我穿上跑步鞋，戴上帽子，从酒店出来。我发现天空是蓝的，云彩是白的，每个经过我身边的路人脸上都充满和善的表情。我心情十分舒爽地完成了跑步计划。实际上，当天的天气并不是太好，但由于我下了很大的决心，降低了自己的标准，愿意去适应任何环境，能够真正行动起来，因此，最终取得的效果也很好。

在工作和生活中，不少人的行动力差，明明非常想做一件事，却拿环境当借口，不是条件不具备，就是客观因素太不利，最后往往被自己打败。一提到要锻炼身体，就借口说春天有流感，不敢出门；夏天太热，不敢出门；秋天太凉，不敢出门；冬天又太冷，同样不敢出门。有的人准备投资做点生意，明明有很好的想法，准备行动时却生出了各种担心：经济形势不好，万一客户少怎么办？员工不好招，万一找不到人怎么办？总之，他们总是在等一个适合开始的环境。事实上，这个愿望永远都不可能实现。

所以，不要盼着环境因自己而改变，不要等以后再去做。我们应该现在就干起来，当我们真正干起来后，才能看到环境也在跟着改善。

在过程中不纠结哪种选择更好

济南的周女士从原公司离职后，不想再做给人打工的工薪族，她计划创业自己当老板。周女士手上有100万元积蓄，资金不是问题，问题是该做什么生意。摆在周女士面前的有两个项目：

第一个项目是开网店。周女士有低价批发新鲜水果的渠道，如果能在互联网上开一家店铺，把农户手中的新鲜苹果批发过来，再用较低的价格卖给全国各地的用户，盈利的前景比较有保障。

第二个项目是开发一款手机App，为人们提供快速便利的生活服务，比如指导人们如何去最近的理发店等，还能在App上进行理发预约。她觉得，这类软件的市场前景很不错，现在虽然类似的App到处都是，定位也很精准，但有预约功能的却少之又少。因此，周女士也很喜欢这个项目。

针对这两个项目，周女士展开了分析。可分析来分析去，她总觉得两个项目都不够完美。开网店卖水果，听着很诱人，但水果保鲜是个大问题，如果水果在运输途中出现了腐烂或磕碰，损失势必由自己承担；做App的项目听着时尚，但前期投入非常大，自己100万元的启动资金远远不够，势必需要融资，那么自己承担的风险就很大。

这么一分析，周女士顿时犹豫不决，感觉很痛苦。很快，两个月的时间过去了。周女士一直失业在家，守着100万资金什么都没干。她希望自己有一个完美的选择，但这个世界不可能满足她的愿望。

我经常在想，每个人都有自己的目标，有的人想投资发财，有的人想投身于政坛，有的人想做好企业管理工作。无论是什么样的目标，都必须依靠果断而持久的行动才能实现，而不是躺在床上空想，也不是浅尝辄止，或者犹豫不决。只有真正专注地采取行动，不要一心二用，不要好高骛远，才是实现目标的正确途径。

我们不仅要行动——用行动实现心中的想法，更主要的是坚持自己的决定。在环境不断发生变化时，我们最难做到的就是不变初心。有时候我们做了一个决定，但行动时发现环境变了，这时我们该如何选择？不少人会赶紧另想出路，或者听从别人的建议放弃自己的想法。事实证明，他们如果坚持下来，成功的可能性就会很大，放弃自己的想法反而连成功的机会都没有。这就是问题的关键。如果我们能战胜内心的这种不坚定，那么我们离成功就不远了。

所以，做任何事情都要有果断的行动和持久的毅力，坐着空谈什么都干不成。要知道，无论多么好的想法，都不如实际的行动重要，因为行动才是检验想法正确、可行与否的唯一途径，行动才是突破困境的唯一方式。

主动寻找机会改变自己和环境

有不少人都会用一句话安慰自己："是金子总是会发光。"他们把这句"至理名言"当成了借口——"现在环境不好，条件不够，达不到我的要求，再等等吧！我要有耐心，机会总是会到来，总有一天我会发光！"

在洛杉矶长滩地区经营过一家咖啡馆的范弗里基就是这么想的。咖啡馆倒闭后，范弗里基认为现在不是做生意的好时机，自己的许多想法实现不了，便躲到家里不出来，成了一个“宅男”。他没有研究其他地区的市场，也不想改变经营方式，而是将希望寄托于“未来”：“我再等半年看看，经济形势一定会好转，到时候我再重新开始。”

各位读者，你们觉得这种自我安慰有效吗？范弗里基选择关闭咖啡馆当然没错，但他不应该将希望寄托于不可预测的未来，正确的做法是因时而变，寻找新的出路。弱者只会等待机会，只有强者才会主动去创造机会。

一个人在事业上取得巨大成就，多半与他的态度有关。我们要有强烈的主动性，主动地寻找机会、改变环境。

条件基本满足后，先干起来再说

避免拖延的工作总体分类法

很多人都在为自己的拖延或“行动迟缓”找数不清的借口，总是把自己懒散的一面用这些借口合理化。哈佛大学心理学系历经7年研究表明，一个人平均每天为自己找借口的次数不低于60次，而且大部分的借口都有一个模式：即便条件已经成熟，人们也会创造其他的问题阻止自己行动。于是，就在这种看似合理的“自我否定”中，机会和时间都失去了。

几乎每一个“完美的思考家”都喜欢自我否定。他们不是否定自己，就是否定自己所处的环境和已经拥有的条件——他们总是强硬地说：“这距离我的要求还很远！”在工作和生活中，做一些事情确实急不得，需要等一等，但是做另一些事情却容不得我们思考太长时间。

有一次我对我的一名学员说：“在这个充满竞争的社会，我们无法为自己的能力或优势保值。今天你能胜任的工作，明天未必就能胜任。所以，想干什么就赶紧去干，不要犹豫，只要你有这个能力，条件够了就马上把它施展出来，因为这个世界的每一秒钟都不会为你停留。如果所有的事情都慢慢来，你感觉还来得及吗？你有几个5年可以等待呢？”

这名学员在西雅图的一家信息调查公司上班。他很讨厌这份工作，认为待在那里的每一分钟都像“送给棺材的祭礼”，他希望出去做点儿事情，而他也有这个资本。“我有本钱，父亲去世时留给我150万美元，够开一家公司了。我也有想法，写了一份商业计划书，想开一家基于互联网的服务公司，提供消费信息的定位和咨询。”他说，“我知道，这样的公司在中国遍地都是，但美国却很少，而且它有市场。”那么他还在等什么？他竟然计划5年后再开始，原因是惧怕市场风险，总是觉得有些条件还不成熟。

于是，我告诉他：“5年后市场已经被别人占据，到那时你的想法也不值钱了。”

其实这是“拖延症”在作怪。拖延症与完美主义是孪生兄弟，它们并肩作战，一起攻占我们的大脑。条件不足是拖延的借口，完美主义又用拖延的行为为自己提供继续完美下去的理由。具体的表现是人们会设计出一系列“旁枝末节的问题”：“有些条件还不具备”“有些问题还没有解决”“我再等等，或许有更好的方案”。就在这样的拖延中，机遇丧失了。

为了确定无疑地说服自己，粗暴且不加区分地要求自己立刻行动，不是明智的做法，只能收到一时之效。最好的做法是，在面对一大堆任务或一个整体的目标时，先对要做的这些工作进行总体的分类：

- 现在可以开始的工作。

· 现在可以不做的工作。

· 现在必须做的工作。

把这三类工作放到不同的清单中，再将“现在必须做的工作”划分为省事的工作与费事的工作。在条件具备的情况下，先将省事的工作做完，然后立刻处理那些费事但必须处理的工作。此时不要停留，不要思考——思考的环节已经过去了，我们需要集中精力完成这些重要的工作。否则，即使条件100%地具备，我们也会犹豫不决地告诉自己等会儿再开始。

条件基本具备后就马上行动

有些人总是对自己太苛刻：“等条件完全具备了我再开始，否则我宁愿什么都不做。”这种想法虽然加强了我们追求完美结果的自尊心，但时间不等人，这是不可改变的现实。时间喜欢惩罚那些瞧不起它的人，尤其是完美主义者。等条件都具备后，我们会发现自己已经错过了最佳的机会。

我在卖化妆品时，老板问我：“你喜欢思考吗？”我不知道他问我这个问题的动机。于是我回答：“我当然喜欢思考，我希望学习更多的知识。”老板摇摇头说：“那么你将来就会遇到一个严重的问题——行动力差。记住，关键是要有效率，尤其是涉及具体执行时，不要有任何等待的想法。你要用效率和结果告诉我，你已经实现了目标，而不是用思考告诉我，你准备用什么方法去实现目标。”

老板的这段话对我的影响非常大，在后来的工作和生活中，我时常想到他讲这段话时的表情。当时，他非常严肃，眼睛直瞪着我，说明他对此有深刻的认识。从此以后，我在工作中很少追求100分的满意度，而是以80分为标准。

当条件达到80分时，我就会立即行动，用行动补足剩余的20分。

有许多人对环境的要求特别高，我们都见识过这样的人，他们努力地想把90分的条件提高到100分。最后，他们往往由于无法实现目标而牢骚满腹——同事的配合不如他的意，上司的支持不如他的意，公司给的资金支持不如他的意，客户的条件不如他的意，市场的情况也不如他的意……但是，他从未想过如何通过自己的努力让这些“不如意”变成“如意”。

先干起来，在过程中逐步调整

在印度有这样一则故事：

有一位著名的哲学家，他不但富有才华，而且外在形象很好，因此成为很多女人的偶像。有一位同样才貌双全的女士对他十分倾慕，特意前来拜访，向他表达了自己的爱慕之情，并且说：“先生，您不会找到比我更爱您的女人。”哲学家对她的第一印象也非常好，觉得她适合做自己的妻子，但他仍然习惯性地回答：“很好，但是，让我再考虑一下。”

女士离开后，哲学家开始了漫长的考虑。他用自己研究学问的一贯精神，对婚姻进行了深入的思考。他把结婚和不结婚的好处、坏处分别罗列。结果，不管怎么选择，他未来的生活好像都不完美。他认为，结婚就像走进了坟墓，他要受女人的管；如果不结婚，自己又会孤身一人，内心的寂寞无法排解。该如何抉择呢？他为此感到很苦恼。

等到他决心答应那个女士的请求时，已经过去了很长时间。哲学家来到女士的家中，敲开房门，开门的是她的父亲。哲学家问：“请告诉您的女儿，我考虑清楚了，决心娶她为妻。”

老人“哦”了一声，回答：“对不起，我的女儿已经是3个孩子的母亲了，你来晚了10年。”

虽然这个故事有些夸张，但这位哲学家身上体现出来的正是我们要批判的现象——因过度追求完美而行动迟缓。不能及时行动，就抓不住机会。所以，虽然有些事看起来并不完美，不符合自己的预期，但也要先干起来再说，用行动改造它，让它逐渐趋于完美。

郑女士是我在旧金山遇到的一位学员，她在中国一家大型民营企业工作，趁着到美国休假两个月的空当，参加了我们机构的短期培训，希望提升一下自己的行动力。提起自己的工作，她愁眉苦脸，说：“我不是没能力，领导总夸我的点子多，我在会上也是最活跃的那一个。可是我对公司的实际贡献不大，每月和每季度的先进都轮不上我，业绩冠军就更别想了。我的问题就出在具体的执行上。我经常会想出完美的计划，但又缺乏行动，把计划扔在案头几周时间。领导催了我十几次我都没有启动，因为我的潜意识里总是觉得时候不到，有很多担心，对同事的配合度也有很高的要求。”

由于郑女士对工作标准要求苛刻，同事对她颇有微词。有人在背地里说：“这个女人每天说大话，就是不干正事，听起来要求很高，实则故弄玄虚。”这让她的心理压力更大。

非要等一切条件具备了才开始干吗？如果是这样，这个世界上就不会有任正非、马云等出色的企业家，因为他们在刚开始创业时，环境和条件都十分恶劣。他们用自己的努力改造了环境，用强有力的行动带来了美好的结果。

因此，我只对郑女士提了一条建议：“回国后马上到你的办公室，拿起被你搁置已久的计划，什么都别想，告诉领导你将立刻开始。”如果她这样去做了，我相信会对她的未来产生强大的示范效应。当她能体会到解决问题的乐趣时，她就会爱上行动，并且抛弃内心的完美主义倾向。

首先，跟自己和整个世界和解。

觉得环境不好、准备不充分的人，有一个习惯就是跟自己乃至周围的一切人或事过不去，走到哪里都会带着负能量。即便他认为这是高标准、严要求，别人也觉得他是鸡蛋里挑骨头。最终导致双方无法合作，他也无法融入集体。所以，要先改变自己的心态，跟自己和解，跟整个世界和解，接纳自己和世界的不完美。

要对自己说："现实已经无法改变，无论我提出什么要求，世界都不会围绕我运行，我必须先接受这一切，才能有所作为。"

其次，要有输得起的心态。

要求完美的人，往往会对失败充满恐惧，时时刻刻都在担心："万一做不好怎么办？"于是，他们用不作为的方式避免失败，并且长时间地陷入焦虑。由于迟迟不肯采取行动，他们的未来往往也比较糟糕。这是一个恶性循环，到最后他们做任何事情都缺乏自信，生活和事业一塌糊涂。因此，先让自己保持"输得起"的心态很有必要。就像任正非说的，要有"过冬"的准备。有了进入冬天的心理准备，我们在行动上才能放得开。大胆去做，效果反而更好。

把事情带向完美的，永远都是行动。"居家的思考者"注定会被淘汰，只有"充满活力的行动家"才能生存下去并取得成就。现在，你还在抱怨环境不完美吗？

以微小的进步逐步积累成果

用小目标激励自己持续行动

在工作和生活中，我们首先要明确自己的目标到底是什么，对环境有没有特殊的要求。如果没有，就要细分目标的不同阶段和步骤，然后把全部的精力都调动起来，以积极的姿态投入眼前的任务中，克服内心对于行动的抗拒。

几年前，我们在全球50个城市同时开展了一堂视频联动的“行动拓展”课程。为了将这个活动办好，我们投入了1000多人，邀请了数十位专家学者，由70多所大学共同参与，分别到这些城市开展工作。

但是，当计划摆在面前时，我顿时感觉压力很大，也没有任何头绪，颇有些手足无措。这个目标实在太大了，该从哪个地方做起呢？我们早就定下了目标，结果几个月过去了还没有采取实质的行动。厚厚的计划书放在桌子上，几乎没动。后来我就想，这么下去可不行，必须想一个办法，把这个项目真正启动起来。我们的办法就是分割工作：

第一，同时在50个城市做好准备工作非常困难，但我们可以先在两到三个城市做好准备工作，例如找好开会的地点。

第二，把大目标分割成20到30个小目标，第一个小目标就是逐步在每个城市找好开会的地点，并且落实好负责人。

第三，先在每所大学寻找活动的合作方，最好是当地的社团，由他们牵头进行下一步的工作。

把工作分割成小单元以后，这份计划就变成了一个清晰可见的路线图。我从上面看到了一个又一个步骤，落实起来就容易多了。因此，等到7月底时，我们已经在所有的城市做好了开会的准备。

根据自身能力制定可达成的目标

制定整体的目标以后，我们就有了明确的方向，能够激发自己工作的动机：“我要做什么，我为什么而做！”有了这种强烈的动机，就能调动自己的积极性，发挥自己的优势。需要注意的是，在制定目标时，一定要具体、详细，不能只是笼统地指明一个方向。因为只有目标足够清晰，才能产生有效的激励。

为了增强“目标激励”的效用，在制定目标时必须考虑到现实环境的特点，既要有强大的激励效果，又不能超出我们的能力承受范围，既要考虑到能力的下限，也要考虑到能力的上限——这个目标我们能不能达到，是不是已经超出了能力范围？我们当然要设计具有挑战性的目标，但它也得是通过一定的努力可以实现的。制定的目标过低，很轻易就能完成，很有可能会使我们养成不思进取的习惯。制定的目标过高，有可能会因难度太大而让我们早早地放弃，打击士气，最后干脆停止努力，放弃目标。

制定的目标要利于逐步实现

制定一个合理的目标，使其产生“目标激励”的作用，这可以让我们有方向感，让行动有足够的动力。但是，在开始执行后，我们会发现实现目标的过程往往很复杂。做成一件事不是靠一通蛮干，即便盖一栋简单的茅草屋，也要有最基本的步骤。

也就是说，我们要把整个目标分成若干个小步骤来执行，第一步该干什么，第二步该干什么，不同的阶段有不同的任务。要事先规划这些阶段性的任务，就像把它们分成一个个小单元一样。

把大目标分成小目标并划分“单元目标”的原因很简单，就是可以让我们感觉到工作的本质——阶段性与合理性，这是工作的两个核心。每实现一个小目标，就会让我们有成就感；每完成一项阶段性任务，就会增强我们继续工作的积极性。即便是很难达成的目标，当有了成熟的分步计划时，也会令自己信心倍增。这么做，就是为了减少实现整体目标的难度，有效地激励自己行动。

这就像爬山一样，如果我们总是盯着遥远的山顶，那么爬起来就会非常累，但是如果有不同的阶段性任务，比如第一阶段先爬200米，第二阶段再爬300米，每完成一个阶段性任务就休息10分钟，执行起来就会很轻松。

这叫作“箍桶理论”。在工作或生活中，我们先给自己制定一个整体目标，然后根据客观条件或自身的情况，制定出阶段性的任务。在这个过程中，我们要将非常困难的事情分为几个部分来做，这么分摊以后，难度就会明显下降或者完全没有困难。用这个方法，便拆分了行动的阻力。

日本马拉松赛选手山田本一的故事经常被全球各地的人们提起。刚开始他的实力并不被人看好，但在1984年的东京马拉松赛中却意外地获得了冠军。这不仅让全世界的马拉松爱好者感到惊讶，就连日本人也觉得纳闷。媒体记者采访他时问：“为什么是你夺得了冠军呢？”山田本一只说了一句话：“我赢，是因为我有智慧，是我用智慧赢得了比赛。”

山田本一的这个回答被很多人解读为作秀，他们觉得他故弄玄机，并大胆地预言他将是昙花一现。不过，在1987年的意大利马拉松邀请赛上，山田本一又一次夺得了冠军。媒体再次问他原因，山田本一还是用那句话回答："我用智慧战胜了对手。"

人们仍然十分困惑，直到他在自传中揭晓了答案。他坦诚地说，每次比赛前，他都要把比赛的路线反复走几遍，并熟记于心。他把比赛的路段分成了若干个不同的节段，每一个节段就是一个小目标。在正式比赛的时候，每完成一个小目标，他就会收获一份成就感，增强了挑战下一个目标的动力，接着他便突破更多的小目标，直至到达终点。

试想一下，如果不把这么长的一条线路划分为十几段，一口气跑完如此长的距离，势必给心理造成极大的压力。他即便能坚持到底，也未必能夺冠。正因为用这些容易实现的小目标不停地激励自己，强迫自己挨个挑战和完成它们，山田本一方能完成这一壮举。

这和我们做工作一样。有宏大的目标固然是好事，但是很多人也会在努力的过程中半途而废，因为他们没有制定阶段性的目标和步骤。虽然他们有强大的意志力，也不断地在激发自己的潜能，但是，一想到距离终点还很遥远，往往就会败下阵来。如果像切豆腐一样把目标切成小块，一点一点地实现，过程就相当简单了。

要为自己设定"最后期限"

有些人做事情常常是拖了再拖，不到最后一刻不会动。在"最后一刻"到来前，他们就会逃避工作或问题，并给自己找一个借口："到实在不做不行时，我相信自己能迸发出全部的潜能，很快就做完了。"这么做的结果就是，他们永远不会有高效地做成一件事的时候，因为他们眼中的“最后一刻”其实没有期限。既然没有时间的截止点，也就谈不上强有力的行动。

要想激励自己从一开始就强有力地去行动，就必须设置一个“最后期限”。也就是说，无论做什么事情，都要设定一个期限，在这个时间段内必须完成既定的工作。

麻省理工学院的三组学生进行过一项关于“设定‘最后期限’对任务完成情况的影响”的实验。在一星期之内，他们必须分别完成三项小任务。

第一组：在老师的要求下，为完成这三项小任务设定了“最后期限”，第一项任务为第二天完成，第二项任务为第四天完成，最后一项任务为第六天完成，最后一天老师来检查任务完成的情况。

第二组：老师没有提任何要求，只是让学生尽自己的努力去完成。

第三组：老师让学生自己设定一个“最后期限”。

实验结束后，老师过来检查任务完成的情况，发现：第一组和第三组同学任务完成得最好，第二组同学表现得稍微差一些。

这个实验说明了一个问题，越明确地设定完成任务的截止日期，任务完成得往往就越好。这表明，我们一定要确保完成自己所做的事情有一个“最后期限”，即在“不迟于某天某日某时之前”完成任务，用一个具体的时间截止点要求自己马上投入工作，规划好这段规定的时间。“最后期限”是对我们的一个明确的约束，它不仅能保证自己能按时完成任务，还能提升自己在一定时间内的工作效率。

有一次，我和朋友去打高尔夫球，不巧把球打进了远处的杂草区。站在我身后不远处的球童就跑过来和我一起去找球。当他把找到的球递给我时，我感觉他似乎有话要对我说，但他欲言又止。等我转身要走时，他有些怯怯地开口问我："我能请教您一个问题吗？"

"没问题，请问。"

"其实我特别想做一件与众不同的事情，就是跟现在的工作不同，我不想一直当个球童，站在那里替别人服务一辈子，但是我不知道做什么才好。"他对自己的未来感到困惑。

"那么，你打算什么时候开始你那个'与众不同'的工作计划呢？"我问，"不管做什么，总得有个行动的时间吧？"

"我真的还不知道。"他摸着头，不好意思地说。

"这样吧，你花一个月时间去考虑一下自己的将来，想一想自己到底适合做什么。在这30天内，你一定要给自己定一个明确的目标，要把想到的写在纸上，然后想一想自己要在什么时候实现这个目标，以及应该在什么时候开始执行这个计划。当你得出结论以后，再给我打个电话。"说完，我把电话号码留给了他。

一个月后，我收到了那位球童的短信。他告诉我：他已经给自己制定了一个职业发展目标——做这个高尔夫球场的经理。因为现在的经理几年后即将退休，他把目标达成的时间定在了五年内。他要求自己必须在五年内实现这个目标。

三年后，当我再去那个球场打球时，再也没有看到那个球童的影子。问起身边的球童，他说现在球场的人事变动很大，他也是刚来的，不过听说现在的经理以前也是一位球童。他说："我要向他学习。"

我们常说，做一件正确的事情对一个人是多么的重要。当然，仅仅确定了正确的事情，还不代表我们就走向了成功，要再给它加上一个"期限"，限定自己必须在一定的时间内完成它，否则很可能拖延起来没完没了，那么这件事情做不做也就毫无意义了。

有了“最后期限”，还要有紧迫感

当我们有了自己的目标，并且给这个目标定下一个期限时，我们就离成功又近了一步。因此，不要只是把目标贴在墙上，然后天天对着它叹气，要在后面写上一个时间：某年某月某日。在这之前完成它。有了时间的紧迫感，我们就能明白什么时候该启动它，如何在这段时间内分配自己的精力。如果我们在制定目标后没有一丝一毫的紧迫感，就很难取得实质性的成果。

在天津上班的小尹有比较严重的拖延症，但是最近他做了一个实验，就是让自己在短时间内完成大量的工作。他这么做的目的是提高自己的工作效率。当然，有了紧迫感后，他在自己定下的“最后期限”之前成功地完成了工作。

小尹感慨地说：“本来需要两个小时结束的工作，我四十分钟就结束了，这在过去不可能做到。以前我不知道逼自己一下，总认为可以慢慢来，别让自己受委屈。这让我做事的效率很低，明明五天可以做好的事，我要花一星期时间。但是，现在我写下时间，一直在心里告诉自己不能延误，集中精力完成这项工作，省出来的时间就可用于做其他事情。”

“最后期限”法在应对一些重复性的工作时收效很明显，同时也能用它解决一些需要创造力才能解决的问题。在某些特定的情况下，我们需要在工作中激发创造力，在最短的时间内把工作做好。依据“最后期限”压迫自己，不但能激发自己突发奇想，还能提高自己的工作效率。

但是，也有意外情况发生。在“最后期限”来临前，当我们不得不放下现在的工作去做别的事情时，应该怎么应对呢？

这会让我们感觉很难受，不是吗？意外不可避免，我们要做的是尽量在计划中照顾到所有的意外，并为此制订预案。比如，我们知道意外很可能会发生，概率有40%或70%，那么就要做好“意外100%会发生”的准备，将“最后期限”向后推迟。本来计划3天做好的事情，我们可以规定7天或8天。这能让我们从容地应对意外，避免违反计划后自己产生强烈的挫败感。

制定“最后期限”要量力而行

我有十多年实践“最后期限”法的经验。在大部分情况下，我会采用这种方法进行进度管理，督促自己在合适的时机立刻行动，并在执行中不拖延。但是，时间久了我发现，其实最重要的不是我们制定的“最后期限”本身，而是我们该怎样去制定它、管理它，不至于在“最后期限”即将到来时手忙脚乱，把事情搞砸。

制定“最后期限”是一门技术，并不是我们想象的那么简单。时间过于紧张，日程排得太满，可能会导致我们的思维无法放松，出错的概率会增大很多，处理事情的效率也会大大下降。因此，我们需要量力而行，结合自身的能力、事情的难度和所需时间来制定最恰当的“最后期限”。

找到时间期限与个人能力的平衡点

想要彻底解决时间与个人能力之间的矛盾问题，就要找到它们之间的平衡点。我们至少要在一分钟内考虑清楚任务的性质、时间要求和个人能力，再规划完成任务的时间。

例如，公司交给你一项统计客户信息的工作，要求你将公司成立一年来全部新客户的信息统一整理到一份文件中，录入电脑系统，同时打印出来装订好，让全公司的人共享。上司问你多长时间能做完，你该怎么回答？在回答这个问题之前，需要搞清楚以下三个问题：

第一，公司的客户信息平时是记录在哪里？是在电脑系统中，还是在纸上？是一半在电脑中，一半在纸上？

第二，公司的电脑中有没有安装自动归类程序？如果没有，所有的工作就得手工完成。

第三，公司这一年来新增的客户多吗？是十几个，还是成百上千个？人员数量也决定了完成这项工作的时间。

只有综合研究和判断这三方面的内容，我们才能得知自己的工作量。如果全部都存在电脑系统中，人数很少，并且有自动归类程序，半个小时内就能完成这项工作；如果全部都在纸上，人数众多，那么就可能需要至少48小时。

这就是平衡点。严格的时间限制有一个前提，就是我们面临的工作难度并不大，它只需要我们集中注意力。做轻松的工作，往往不存在紧迫感，也没有多大的压力，我们能从容地胜任。反之，就必须为自己争取尽可能多的时间，把截止时间定得晚一些，避免无法完成工作，将自己逼入绝境。

不把“最后期限”作为拖延的借口

对于短时间内无法完成的事情，尤其是具有代表性的或对时间有严格要求的工作，设定一个“最后期限”非常重要。但是需要警惕的是，“最后期限”往往也会成为一些人“肆无忌惮地拖延”的借口。

有一次，我给下属布置工作，要求市场部的人在15天内拿出一份关于城市广告的市场推广方案。“15天。”我说，“你们有充足的时间调查市场、收集信息，方案做出来后我们跟客户碰面。”市场部的几个负责人满口答应，把工作分配下去，又传达了我的意思。10天后我突然去检查工作，发现计划一动未动，他们居然还没开始。

“工作为何还没做？”

市场部总监一脸惶然，怯怯地说：“我们认为这个工作只用4天就可以完成，因此大家决定明天开始。”

“如果我明天过来检查，你们会不会说这个工作只用3天就能完成，后天才开始？”

事实上，这是我的一次测试。我要看看下属会以何种态度处理一项并不复杂的工作时——即便有“最后期限”的约束。对于某些人来说，“最后期限”在这时反而成了他们拖延的借口。他们也许会想：反正离截止时间还早，在截止日之前，领导应该不会过来催促，因此快到截止时间时加班赶做也来得及。于是，截止日之前的这段时间成了“毫无压力的快乐时光”。

我们要注意这一点，不要紧扣“最后期限”之前的有限时间去工作。对“最后期限”的理解，不应该是“在那之前完成”，而是“我们只有这些时间，应该马上开始”。对“最后期限”不同的理解和定位，决定了不同的行为模式。

先去摘“能够得着的苹果”

“不想当将军的士兵不是好士兵。”拿破仑的这句话影响了后世无数的人，当然，也成就了很多人。很多人为了成功，即使付出再大的代价也在所不惜。但是，有一点可以肯定，就是快速成功在今天并不具有普遍性。

我相信很多人都梦想成为比尔·盖茨。当将军还是士兵？做这个选择一点儿都不难，没有人不想快点儿成为一个风光无限的将军。但是，想成为比尔·盖茨并不等于一定能成为他。我们大多数人即使穷尽一生也很难突破自身所处的阶层，所不同的是，努力总是会让我们获得幸福感和成就感，并实现自己的价值。

在一次会议上，我们机构的特聘顾问麦哲伦先生说："很多人把实现梦想与欲望膨胀联系在了一起，尤其是在这个充满机会的世界上，他们认为只要自己想，就可以无所不能，因此这是'压力病'的最大根源。"麦哲伦还举了摘苹果的例子："遍地苹果树，上面结满香甜的苹果，人人都跃跃欲试，想把果实收入囊中。不过，走出果园的人都不会如意，因为多数人摘到的都是长在果树下部的苹果。"

对雄心勃勃的人来说，这些事实往往是他们无法接受的。有的人制定了非常高的目标，给自己施加了巨大的压力，并发誓"我一定要实现它"。他们的想法大胆，学识渊博，态度积极，工作认真，也没有拖延症，但能力还是差那么一点，所以结果令人失望。"为何我做不成这件事？"他们的脸上写满了"不甘心"三个字。

要记住一句话：在一开始，我们必须先去摘自己"能够得着的苹果"。

在北京举行的一次活动中，我组织了一场"摘苹果比赛"。比赛地点是大兴区的一个采摘园，里面有苹果树。当时正好是果实成熟的季节。参加比赛的有30个人。比赛规则只有一条：谁摘到的苹果最多，谁就是赢家，奖励是两张加利福尼亚州迪士尼乐园的套票。这是相当不错的奖品。但我们看重的不是结果，而是对过程的观察。

比赛中，有个人为了显示自己的本领，爬到树上去摘高处的那些又大又红的苹果，对下面触手可及的苹果反而看都不看一眼。一些参与者提醒他，比赛的结果是不看个头和成色，只看数量。但是他丝毫听不进去，结果树枝被折断，他从树上掉了下来。他只想摘到那些最大的苹果，结果不仅摘到的数量很少，还付出了受伤的代价。

不过，还有一个人在默默地摘着最下面的苹果。他一手提着篮子，一手拎着椅子，把每棵树上位置靠下的苹果尽可能多地摘下来，尽量不碰位置靠上甚至站在椅子上也很难够到的苹果，而且他在每棵树下最多只停留三四分钟，这样既节省了时间，也摘到了最多的苹果。他是这场比赛的冠军。

我们的理想就像是树上的苹果。我们最远大的理想就像是长在树梢上最红、最大的苹果——它自然也是最诱人的，每个人都希望实现这样的理想。谁不想仅用几年时间就创造任正非、马云那样的事业呢？退一万步讲，几乎每个刚从大学毕业参加工作的人都做过一年内便升任部门经理、成为老板的红人、拿到百万年薪的美梦。可是，这样的梦想距离我们太遥远，难以实现。即便我们知道如何实现这个梦想，也很难在短时间内做到。

我在对自己的管理中，始终遵守的一个原则，就是“理性压迫”：

· 我会制定一个大目标，而且是远景规划，但不要求短期内实现。

· 我每天会给自己施加一些压力，督促自己行动起来，但这个压力只是适度的。

· 当下我最重要的任务是实现“最容易实现的目标”，而不是盯着遥远的终点。

近在咫尺的苹果很容易被摘到，这也是比较现实的理想，虽然它没有长在最高处的苹果那么诱人，但它唾手可得，摘到它意味着我们进步了。换句话说，我们应该先做好眼前比较容易的工作，一步步积累，最后实现从量变到质变的突破。

能力不足时，暂时放弃大目标

德国爱乐乐团是一个“足够香甜的苹果”，它享有“世界第一交响乐团”的美誉。能指挥这样的乐团到世界各地演出，是每一个指挥家的梦想。然而，1992年，当爱乐乐团邀请西蒙·拉特尔担任乐团的指挥时，却遭到了他的拒绝。

西蒙·拉特尔说：“能接到邀请，是我的荣幸。爱乐乐团因演奏古典音乐而闻名海内外，但我对古典音乐知之甚少。担任这个乐团的指挥确实是我梦寐以求的事，可我如果接受邀请，非但不能为乐团带来荣誉，还可能因我而耽误乐团的发展。对我来说，机会是很不错，但是我真的没有能力胜任，所以只能拒绝。”

作为音乐家，收到邀请并成为世界知名乐团的指挥者，是非常难得的机会。在常人看来，拒绝这样的机会是傻瓜才有的行为。难道你以为西蒙·拉特尔真的放弃了吗？不，他比以前更勤奋、努力，他着重加强了对古典音乐的研究和学习，直到最后把重心全部放在了古典音乐的指挥上。他对音乐的理解超乎常人，精湛的指挥也令听者倾倒。

2002年，西蒙·拉特尔再次收到爱乐乐团的邀请。这一次，他立即表示接受。为什么这次他没有拒绝而是接受邀请呢？因为他认为自己经过学习，已经有实力带领这个乐团走向辉煌。结果不负众望，他果然带领爱乐乐团创造了演奏史上的一个个奇迹。

他的理由是：在我能力不足时，就不能去追求过高的目标，必须暂时放弃，以求有时间学习更多的知识，为未来成功地抓住这样的机会打下基础。

采取务实的做法才能提高效率

西蒙·拉特尔第一次放弃这次机会，实际上不是他怯弱，而是一种务实的做法，也是很明智的选择。在能力不足时放弃过高的目标，反而体现了更有前瞻性的行动力。这种放弃也向人们诠释了成功的至理——现在的放弃是为了迎接更好的将来。

有时候，我们会发现，暂时放弃并不是什么损失，而是对自己的一种长远的激励，这样就给了自己学习和准备的空间，让自己变得更强大、更有效率。不放弃力所不及的目标，就像“摘苹果比赛”中那位爬到树顶又掉下来的参赛者，苹果摘不到，还损失巨大。

在我们没有实力的时候，就不要摘那些高高在上的苹果，虽然它又大又红，摘到它代表着“至高无上”的成功，也是无数人的梦想，但要务实和明智地看一看自己的选择能不能带来实际收益。无论你多么渴望实现它，只要客观条件不允许，就应该立即放弃。我们必须通过不断地努力，吸收更多和更丰富的营养——当我们长得足够高、力量足够强时，才是收获最高处的苹果的时候。

适时调整行动的思路和方向

潜能开发大师托尼·罗宾斯在演讲中问台下的听众：“胜利者和失败者的区别是什么？”没有一个人的回答令他满意。因为在罗宾斯看来，“做选择”和“行动”有时会交叉出现在人的大脑中。成功之路不是一条直线，而是一条曲线。胜利者擅长走曲线，失败者只知道走直线。这就是区别。

人类是在不断地积极寻找和实现自己的人生目标，这有别于生物链中的其他物种。我们生存的意义不仅仅在于满足吃穿住行，还在于找到和实现自己的人生目标。有了人生目标，才能激励自己去努力奋斗。

但是我们也应该知道，人生的目标并不是唯一的，也不是永恒不变的。人生就是在不断的选择、肯定和否定中前进。选择不同，人生就会不同。因此，我们要适时调整和不断修正前进的方向——走出一条正确的曲线。

面对意外要有“动态思维”

在我们实现目标的过程中，总是会遇到很多因素（包括大量意外因素），而且每一个影响我们行动的因素都是动态的，而不是静态不变的。这导致我们在做计划时无法完全掌握未来可能遇到的所有影响因素，我们今天了解的情况，明天可能就发生了变化。各种动态因素掺杂在一起，也就决定了我们所走的路不是一个固定的模式，做好计划后就想一劳永逸的做法更是不切实际。

那么，体现在行动中就是，必须适应这些多变且注定不停变化的因素。我们要根据这些变化来调整计划和修正自己的行为，使其更符合当下的实际；根据已经变化的客观因素快速地应变，在变化的动态中寻找最合适的解决方法。

掌握这种“计划的可变性”思维，我们就能开发出自己的“动态思维”。也就是说，要考虑达到目标应具备的要素与现实发展的趋势之间的相互联系，以便灵活地调整自己的行为——这就是我们所熟知的“变通”。

一个懂得变通的人，也一定是聪明人，他在遇到任何事情时不会钻牛角尖。所以，变通可以保证我们不会把自己逼上绝路，不会钻进死胡同。变则通，通则活。世界每时每刻都在变化，做人和做事难道不应该因时而变吗？变通是自然的规律，当然也是人生的定则。

在实际工作中，任何事情的发展路径都不是一条毫无波动的直线，而是呈曲线运行。一个能够随时变通的人，可以从事物发展的规律中总结出应该遵循的原则，并且依照事物的规律应变。不会变通的人，面对变化的形势，往往不能及时调整自己做事的风格和行动计划，他们碰壁的概率很大。

有一种鱼叫马嘉鱼，它们平时生活在大海中。不过，每年到产卵期，它们便游到河流入海口产卵。这种鱼有点儿“傻”，就是不管前方出现什么情况，它们都是近乎呈直线游到底，绝不会想自己是不是应该变个方向，以躲避天敌。所以，渔民只要将渔网横在入海口，马嘉鱼就会自投罗网。马嘉鱼被渔网困住后，就会使劲往前游，可这种渔网是专门为它们设计的，它们越往前游，渔网就会收得越紧。它们绝对想不到，转个方向就可以摆脱渔网的束缚。

这表明，即便是面对重大的问题，在行动中也不能毫无思考地固执行事，要适时调整自己的行动方向和策略。行动应该以解决问题为目标，只要能解决问题，随时可以换一个方向。

以“变通”的态度达成目标

我见过一家公司的部门副主管罗先生，他是一个富有理想且非常执着的人。这是成功者必备的品质。但是，如果过分执着于某些原则，也会带来许多问题。罗先生在公司有一个绰号，叫“独行侠”。人们觉得他既固执又喜欢独来独往，同时还是个工作狂。一般而言，这样的人在公司中的人缘比较差，而且他近两年的业绩也很平庸。

我问他：“你想改变这种状况吗？”

他回答：“当然，我做梦都想！”

“方法很简单，别再觉得自己的想法是独一无二的，是不可改变的，听一听下属和其他同事的意见，必要时变通一下。你要成为一个能与大家合作的好同事，主动融入集体。但是，这并不意味着你应该放弃原则。”

我希望罗先生从此变得善于沟通、能够变通和增强合作能力，这是优秀的管理者应该具备的品质。

有时候我们必须执着，但执着并不等同于固执和“宁死不屈”。不会变通，抱着一条道走到黑的态度，就有可能会影响到工作效果，甚至会影响到合作关系。而善于变通，就有可能使对手变为朋友，使同事更加支持你，为你自己的未来多开辟一条道路。因为工作关系不像是交朋友，我们无法像交朋友那样“择优弃劣”，而是要从双方利益的角度来考虑。工作关系要的就是一种共同获利的合作氛围，如果不懂得变通，他人的利益便会受损，合作的氛围就会变得不和睦。不管做什么事情，总是抱着一成不变的态度与环境对抗，是行不通的。

在工作和生活中，我们也会遇到自己不喜欢的人，但是，为了实现共同的目标，我们还得与他们打交道。这时，就需要调整一下自己处事的态度和原则。

首先，消除偏见，适当听一听别人的意见。

解决这个问题的方法只有一个，那就是放下架子，打开自己的心胸，主动消除对别人的偏见，并且尽可能找出这个人身上的优点。

然而，硬着头皮、强颜欢笑与他人接触也不行。我们必须真诚地听取对方的心声，看看对方有什么可取之处，这才是具有正能量的处事方法。我们要在思维上做一些巧妙的变通，将思维上的对峙转化为见解上的融合，共同为完成一件事、一个项目出谋划策，实现正收益。

其次，改变思维，调整一下行动的方向。

做人做事要学会“变”，更要鼓励自己始终采取符合实际的办法。当我们遇到阻碍或者其他一些困难时，就要适时地改变一下自己的思维：“为什么这样做不行，如何做才能行？”别固执地抱着错误的思路不放，换一个方向去攻坚，也许就能将这种环境带来的阻力转化为一种寻求突破的动力。我们要通过变通抓住机会，同时也要学会灵活地、辩证地看待问题，通过变通地行动获得成果。

专注于落实每个既定的步骤

有一次，我在飞机上遇到一个很健谈的年轻人。他热情地向我打招呼，并向我介绍了他的情况。经过简单的了解，我得知他要去苏州的一家公司面试。当我问及他有没有工作经验等问题时，他满脸不在乎地说：“我在很多家公司都干过，有丰富的经验。”

他年纪轻轻就在国内很多优秀的公司干过，这让我大吃一惊。他提及的企业有一些还是闻名海内外的大公司。我问他：“你对自己以前的工作感觉怎么样？是不是积累了一些经验？一定有什么心得吧？”

“说真的，没有，工作没有意思，都是一看就能做的工作，太简单。我觉得很难找到适合我的平台。”年轻人一脸轻松地说。

我没有再说什么，因为这是他的活法，我能对他讲什么呢！这个年轻人不到30岁，已经换了6家公司，并且其中有几家还是知名的企业。他在任何一家公司的工作时间都没有超过一年，说明他根本没有明确的目标，也不可能专注地做事情，有的只是眼高手低的心态。他也没有为自己的职业发展设计具体的步骤，并不关注眼前的事情，只关心自己的梦想。那么，即便他是在跑步前进，又有何意义呢？

一个人成长的前提是什么？不是有多么美好的梦想，制定了多么宏大的目标，而是专注地做好每一件事情，直到达成阶段性目标，再去开始做另一件事情；要让迈出去的每一步都成为自己人生的“资产”，而不是感觉“毫无意义”，这样才算是为自己的成长添砖加瓦。

我以前在化妆品公司工作时，也遇到过这样一位同事。他非常聪明，爱好很广泛，不但动手能力特别强，而且性格非常好，颇得同事们的喜欢。但是，他有个缺点：做事漫无目的，容易走神，不管多重要的工作他都无法彻底做好。有时候许多同事或客户都在等他提供某方面的数据，早上承诺给的，拖到下午才给，下午承诺给的，拖到第二天才给。

对于这样的人，你必须跟在他后面不停地督促才行。因为如果追得不紧，他肯定做不成这件事情，他的理由永远都是“我还有别的工作要做”。他的确忙得不亦乐乎，时间吃紧，但他永远不能迅速地完成当下最要紧的工作。他的专注力很差，总是被其他的事情吸引注意力。

这样的人在职场上随处可见，然而他们往往特别招某些上司喜欢——因为他们自认为什么都能干，接受任务时很少会推诿。但是，问题的关键就在于他们做事总是虎头蛇尾，很少能专心地将一件事情干成、干好。

没有专注力的人，在做事时就会由着自己的性子，思绪游离，无法集中注意力，一会儿做这个，一会儿又去做那个。他们的精力总是在计划之外，没有办法专注于当下的步骤。做着A工作的时候，他们思考的是B工作；等需要做B工作了，他们又开始琢磨A工作。有时候，他们自己也承受着巨大的压力，很想把工作做好，但从结果来说，却是十分糟糕的。

做任何事情都要分清主次

要让自己成为主次分明的人，具体来说应该做到：明白哪些事情是重要的，哪些事情是次要的；知道并且擅长划分事情的轻重缓急，让自己始终在当下做最重要、最紧急的工作，而不是既无目标，又无方向，还不知道对工作进行分类。一个无法分清楚主次的人，他做事的效率会很低，他一直在干，但是往往无法获得好结果。

专注于眼前的工作

许多刚进入职场的年轻人，虽然有梦想、激情，但是没有正确的工作观念；有学问、有思想，但是缺乏高效工作的能力。不少处在这个阶段的学员都向我请教经验，我认为只用两个字就能解决大部分问题：专注。

不要想得太多，只需要专注于眼前的工作，把当下的工作做好，推着自己一步步地向前走，就会有光明的前途。如果我们不专注于眼前，这山望着那山高，脑海中无数次有跳槽的念头，就很难拥有比较好的未来——在我的咨询经历中，多数有类似想法的人都没有如愿以偿，那些一步一个脚印、对未来没有太多妄想的人，反而总是由于自己具有强大的专注力而收获意外的惊喜。

Part7
时间管理能让行动更有序

切割时间，提高单位时间利用率

“一寸光阴一寸金，寸金难买寸光阴”，这句老话说明了时间管理的重要性。时间如流水，一去不复返。我们不光要制订务实的计划，付诸实际行动，还要利用好自己可支配的时间，因为所有的行动产出最后都会体现为对“单位时间”的开发效率。一句话，不会管理时间，就很难干成事。

现在，无论我走到哪里，几乎都会听到很多人说自己“很忙”，这个词成为他们的口头禅，也似乎在证明他们很成功——好像这个词在很多年前就已经成为一个人非常成功的标志。不说句“我很忙”就仿佛不是成功人士。现在，我们工作和生活的节奏非常快，感觉时间明显不够用，不管多么努力，总是觉得要处理的事情太多了，根本没有时间全部完成。于是，我们迷恋这种“很忙”的状态，一旦觉得自己不忙，就好像被主流社会抛弃了。

这就像我的一位客户说的：“不知道从什么时候开始，我害怕闲下来。一闲下来，我就有一种恐慌感，仿佛有什么应该做的大事没有去做，或者被这个喧闹的世界遗忘了。于是，我拼命地加班找事干，以证明自己和别人一样活得很精彩。”

在我看来，有这种“很忙”的感觉，恰恰证明他不善于管理时间，是他的人生失败的特征之一。特别是现在的很多年轻人，他们普遍没有时间观念，因为刚从大学走出来步入社会，或者是刚入职新公司，还在适应期，没有调整好生活节奏，也没有一套属于自己的时间管理办法。

那么，这时候他们就只好用“我很忙”来自我安抚。

我们现在的人际交流以及获取各方面信息的手段非常丰富，但是利用时间的效率却非常低。史密斯形容说：“对现在的人们来说，即便是能安心地把一件最简单的事情做好，也已经是一件很困难的事情。人们随时会被周围的信息打断，手机响了，邮件来了……诸多意外因素分散了自己的注意力，将处理任何一件普通小事的时间都拉得很长。”我们感觉很无奈，不是吗？现在问题的重点已经不是工作量的大小，而是时间的分配。我们无法有效率地利用时间，就像所有的精力都被时间预先支取了一样。

在刚开始工作或学习的过程中，我们往往会有一些很好的体验，效率非常高；精力集中，兴致颇高，而且斗志昂扬；对时间有强烈的紧迫感，对方向有清晰的定位。但是，时间越久，随着内心乏味与精力松懈，上述情况就发生了变化——我们开始走神，兴趣开始下降，工作效率也开始越来越低。

我的一位学员曾经对我说：“接受任务的前期就像初恋，但慢慢地我便进入了‘七年之痒’。时间真是杀手，它杀死了我对一切有意义的事物的兴趣。”

该如何提高工作效率，让自己更好地集中精力工作呢？这是人们非常关注的问题。换句话说，应该怎样让时间在我们的行动中扮演积极的角色呢？在我看来，最简单易行的时间管理方法，就是把时间“切碎”，像流水线一样进行管理。也就是运用番茄时间管理法——从微观角度分配和管理时间，开发每个时间单元的效率，提升行动效能。

我们把一个“番茄”视为一个工作周期，也就是划分为25分钟。每25分钟可以被称为一个“番茄时间”。在这25分钟内，我们要一直处在工作状态中，并且不能间断。当25分钟结束时，让自己休息5分钟，然后再进入新的“番茄时间”。以此循环，直到完成计划内的工作。

具体操作的原则是：

· 一个“番茄时间”是完整的，不允许把它分割，不存在所谓的半个番茄或一个半番茄。我们必须严格地遵守这个原则。

· 如果说在一个“番茄时间”内，我们做了与当前的工作无关的事情，那么这个“番茄时间”就是无效的，也没有任何意义，我们必须重新开始。这是对我们走神的惩罚。每当一个正在进行的“番茄时间”被破坏时，我们无法享受破坏的成果（去偷懒），而是需要进入一个新的“番茄时间”。

· “番茄时间”管理法的应用范围：它只能应用于我们的工作中，在生活中无法应用，即便是强制应用于生活中，往往也无法取得理想的效果，因为生活中的事情存在着太多的可变性，不像工作有很强的规律可以遵循。

· 自己的“番茄时间”只适用自己的工作，与别人的没有可比性。不同的工作，在运用中产生的效果也会不相同；即便是相同的工作，运用的方法不一样，工作效率也会不同。所以，我们不需要跟别人比较，因为这种对比没有任何实际意义。

· 利用“番茄时间”管理时间和分配工作，使用的次数并不能决定任务成败，只是为了提高我们做事情的效率。所以，不要觉得掌握了这个方法，自己做任何事就一定能成功。记住：效率不等于效果。事实上，我们只是获得了更高的效率，能充分开发和利用时间，以达到管理时间的目的。这能帮助我们养成良好的习惯。

·最主要的一条原则是我们一定要制作一个合适的作息表，它一定要符合作息规律，是自己的身体所喜欢的，这样才能更合理地安排自己的时间，长久地坚持下去。一个不懂得保持身体健康的人，即使他学会了“番茄时间”管理法，也收不到好效果。

知道了这些原则，剩下的就是如何实际运用的问题。在细节方面，我们应该注意的问题是什么？

（1）先做规划。上班后（早晨起床后）要做的第一件事情就是规划今天必须完成的任务，把想到和要做的工作列一个清单，写在随身携带的书签上，或者在电脑桌面上建一个表格，并放在醒目的位置以提醒自己。

（2）制定“番茄时间”的长度。根据工作规划，制定我们的“番茄时间”，用手机或闹钟就可以，制定25分钟的倒计时，然后开始工作。我们可以根据自身的情况来制定“番茄时间”的长度，原则上25分钟或30分钟为好。

（3）休息时间。在25分钟后，停下手头的工作，休息一会儿。这是重要的时刻，我们可以站起来伸个懒腰，眺望远方，放松一下自己的眼睛。如果有条件，我们也可以听5分钟音乐。音乐以舒缓的曲子为好。但是，不要利用这个机会打瞌睡。

（4）按顺序进行。定下“番茄时间”后，就要按照规定不停地工作，直到这项任务完成，然后从清单里把这项任务画掉，再继续下一个“番茄时间”。所有的工作要按照优先顺序进行，先处理紧急和重要的事项，再处理那些不怎么紧急和不太重要的事项。

（5）阶段性工作。在进行了四个或五个“番茄时间”以后（具体数量由我们自己决定，原则上不超出自己身体的承受能力），就必须强制休息一个“番茄时间”，这是为了更好地提高后面利用“番茄时间”的效能。

有其他工作“插队”该怎么办

当然，也有比较特殊的情况，如果在一个“番茄时间”内，突然出现了其他不得不做的工作，那么我们就要停止这一个“番茄时间”。当这个“番茄时间”作废时，即便它只剩下一分钟了，我们做完另外一项工作后，也要对这个“番茄时间”重新计时——从第一分钟开始重新开始，以示对这一时间管理法则的重视。通过这种强化行为，可以帮助我们养成严格遵守时间规划的习惯。

对于意外出现的工作，比如上司的要求、同事的请求，如果不是非得立刻处理的事项，我们可以在自己的清单上做一个标记，注明“打扰”或者“意外”，然后继续自己的工作。

未完成工作该怎么办

在我们制定好的“番茄时间”内，工作未完成是经常会发生的事情。有些人会把这件事情顺延，留到第二天去做。但是，这样做非常不明智，因为这等于增加了第二天工作的强度。

很多人在工作中如此抱怨：“今天的工作量太大了，老板简直疯了！”这可以理解。我们早在20年前就已经进入了“工作奴役人”的时代。这是无法改变的大趋势和大环境，我们只能适应。

解决这个困惑的原则是：如果剩余的工作不多，我建议加班也要完成它。出现这种情况，原因可能是我们列出的任务清单有问题，没有准确地评估自己要做的事情，也就是说对自己的业务还不是很熟练——我们不知道能在多长时间内完成这个工作。因此，我们需要相应地调整工作规划，以便更合理地分配时间。

有电话打进来该怎么办

还有一些“意外”和“打扰”是比较正常的，那就是突如其来的电话。一般来说，上班时间打来的电话很多，有客户的，有同事的，也有可能是亲人的，我们不可能不接。但是，既然接了电话，就会打扰到我们正在进行的工作。所以，如果有必要，就要在所制定的“番茄时间”内预留出5分钟——这是一些用来处理意外的时间，主要用以接听电话。也就是“25+5”，每个番茄单元都预留出5分钟。

有时候，当电话太多时，我们也可以采取一种极端的手段，关上手机并把它扔到自己视野之外的地方。但是，这一方法尽量少用，因为关上手机可能会让我们错过重要的电话，影响到我们的人际交往和商业关系。

充分利用“碎片时间”

无论我们多么重视时间，将时间规划得多么完美，总是有一些“碎片时间”会被悄悄地浪费掉。当我们沉浸在“我的时间不够用”的无奈中时——工作越繁忙，这种抱怨就越频繁——我们有没有想过，是不是由于自己不会利用“碎片时间”，才造成了这些沉重的心理负担和对时间流逝的恐慌呢？

在我们的工作和生活中，不乏可利用的“碎片时间”：它们藏在角落中，我们在不知不觉中忽视了它。比如，有一些“碎片时间”可能看起来并不起眼，但是把这些时间累积起来，数量却很可观。

· 当我们在地铁站等待下一班地铁时，是不是有3分钟无事可做，我们只好玩手机？

· 当我们在卫生间时，除了抽烟、胡思乱想还干了些什么？要知道我们有至少5分钟时间可用来做点儿有意义的事。

· 当我们在睡前用整整30分钟时间津津有味地玩手机游戏时，就没想过利用这30分钟时间规划一下次日的工作吗？

· 当我们在会议室里枯燥地等待上司过来开会时，除了与同事闲聊，我们还做了些什么？

无论做什么事情，总是会有那么几分钟空闲时间。它们就像是裁剪衣服剩下的碎片，是“时间的流沙”。这类“碎片时间”，如果一天积累30分钟，那么一个月或一年下来呢？如果利用好这些“碎片时间”，把它们用到重要的工作上，一年下来我们的工作和生活会有重大的改变。

艾丽丝·门罗是加拿大作家，她在2013年被授予诺贝尔文学奖，获得“当代短篇小说大师”称号。她在二十岁的时候就开始写作，直到三十六岁才出版了第一本书。她在自己的回忆录中写道：“我二十岁开始写作，那时我已经有了家庭，并且有了孩子。我每天有很多家务要做，但我没有洗衣机。为孩子洗衣服占据了我大量的时间，不过我仍然有时间写作。我认为只要控制好自己的生活，肯定是有时间的，因为时间会等对的人。”

只要我们的心里有“时间管理”这个概念，就一定有办法利用那些被分割成碎片的看似无关紧要的时间。这就像钉钉子一样，挤也要挤进去，把一分钟、一秒钟“碎片时间”拿出来，用于处理一些可以零散进行的工作。这是对工作的承诺，也是对提升自身行动力的回应。生活节奏越快，“碎片时间”就越多，我们就越要重视对时间碎片的开发利用。

“凿壁偷光”的典故是我们在小学课本上学到的。一直以来，人们学习的是匡衡刻苦求学的精神，却很少有人想到匡衡也是一个利用时间的高手。结合实际的生活来讲，匡衡的家庭十分贫困，白天必须干活养家糊口，只能把学习放到晚上。但是匡衡买不起蜡烛，晚上没有灯光。可时间又很宝贵，怎么办？他不想浪费晚上的时间而放弃学习，于是就凿壁偷光，利用邻居家的灯光为自己赢得学习的时间。

画坛大师达·芬奇也是一个惜时如金的人，是出了名的“工作狂”，他所创造的“短期延时”睡眠工作法也很有成效。这个方法算不上科学，却很实用。即工作几个小时后，马上睡十几分钟，将“碎片时间”连成一片，防止它们在处理琐碎的事情中流失。达·芬奇用这种方法为自己争取了更多的时间，提升了工作效率。

在利用短暂的“碎片时间”方面，史密斯的做法值得推荐。他会在这个时间段迅速地拿出自己的工作记录手册（上面记载着大量悬而未决的问题），思考其中的一些问题，看看能否找到灵感。如果有新的想法，他就会及时写下来，以便在正式的工作中进行讨论。无论走到哪里，史密斯都揣着这样一个小本子。公司的同事都知道他有这个习惯，因此戏称他为“手册史密斯”，有时也亲昵地叫他“布克”（Book）。

由于每个“碎片时间”的长度可能只有几分钟，最多也就十几分钟，所以并不适合用于处理需要集中精力和长时间投入的工作，却非常适合处理那些比较简单、琐碎的事务，例如获取灵感、回复邮件、问候客户、批复下属的申请、检查工作等。我就经常利用“碎片时间”回复客户和员工的邮件，不知不觉就把一些非常琐碎的事情做完了。

所以，最重要的就是改变我们大脑的“认知”——对于开发“碎片时间”，一定要有充分的认识和清醒的头脑。我们要不断告诉自己：“不要浪费哪怕一分钟的宝贵时间！在我们生活和创造财富的过程中，时间是最稀有的资源，是最宝贵的财富！”有了正确的认识，我们还要制订一份合理的计划，把每一天的“碎片时间”串联起来并开发和利用。

利用好“黄金时间”

培根说：“选择时间就等于节省时间，而不合时宜的举动则等于乱打空气。”什么是不合时宜的举动？就是胡乱安排和使用时间，在错误的时间做错误的事情。

时间是任何人都无法重复消费的东西，如何利用好时间，决定了行动的效能。怎么才能把想法快速、高效地变成现实？如何在单位时间内发挥出最大的效力？原则就是：充分开发“黄金时间”，把重要的工作放到这个时间段来做。

罗斯福是美国历史上最伟大的总统之一，他带领美国打赢了第二次世界大战。在工作和生活中，他也是一个时间观念很强的人，在时间管理方面一直很有心得。比如，他每天都会将自己应该做的事情提前用笔记录下来，拟订一天的计划，分配好做各项工作所用的时间，并且不时地提示自己，在某一段时间应该去做某一件事情。重要的事情应该放在什么时候，次要的工作应该如何安排，罗斯福都有严格的安排，他将自己宝贵的时间用在了最需要保持大脑清醒的工作上。

当有非常重要的事情时，罗斯福会先计划好做这件事情大约需要多长时间，然后会把它安排在自己的日程表内，以便处理完其他工作后，集中精力应对这件重要的工作。

利用二八定律开发“黄金时间”

我有一个朋友在加利福尼亚州开连锁店，他每周最多有两天时间处理店里的事情。他觉得不是自己懒，而是生活中其他的事情太多了。于是，在店里的这两天，他只能将有限的时间全部用到刀刃上。在这种情况下，他主抓店里最重要的工作，而把那些鸡毛蒜皮的小事情交给下面的主管人员负责。

他说：“越是感到时间紧迫，就越明白这句话的现实意义，一定要把好钢用到刀刃上。我驱车上百里来到店里，只能待三个小时，为的不是检查货物是否合格，也不是问员工昨天晚上是否睡了个好觉，这些工作下面的质检人员和店里的经理就能做，我必须处理战略和决策上的重大问题。让自己的每一分钟都很值钱，这才是我们应该遵循的。”

在我们一天的时间中，“黄金时间”占到的比例大约是20%，像上午10点到12点，下午3点到5点这几个小时段。这两个时间段都是我们精力旺盛、思维清晰的“黄金时间”段，在这个时间段处理的工作量能占到一天工作量的大约80%。这充分表明了利用好“黄金时间”的重要性。

也就是说，一个人只要用好他所有时间的20%就好了，要重点开发这20%的时间，把它用到最重要的地方。在进行一项工作时，这20%的“黄金时间”才是最具有生产力的。至于另外80%的时间，就可以用来处理那些次要的和不怎么紧急的事情。无论是处理个人还是团队管理方面的工作，这一原则都非常适用。

格拉特是惠普公司的前任总裁，他被人冠以“勇士”称号。在分配和利用时间方面，格拉特也是一位富有智慧的高手，他每天会花20%的时间与客户讨论、沟通重大的问题，然后把35%的时间用到召开各种会议上，余下的时间便用于处理公司的文件和参加商业活动。在他看来，那20%的时间才是最重要的，也是他一天中精力最充沛的时刻，因此最适合用来处理比较重要的工作。

找到和利用自己的“黄金时间”

很多人虽然对时间管理有充分的认识，但是对于如何开发和利用时间缺乏认识，尤其不懂得重点开发自己的“黄金时间”，这让他们的思考和行动效率都比较低。我们不仅要从根本上认识到“黄金时间”的重要性，还要结合自身的情况找到它、定位它，然后制订一份有针对性的计划去开发和利用它。

有一次我问史密斯：“告诉我，你一天中精力最旺盛的是什么时刻？”

他毫不犹豫地说："上午十一点。你呢？"

我说："呀，我是下午三点到五点。"

看，每个人的"黄金时间"可能不太一样——多数情况下必然如此。人们的思维习惯不同，身体情况也各有差异，这就导致了有的人上午很兴奋，下午却昏昏欲睡；有的人上午困得抬不起头来，下午则思维活跃。时间就是效率，能善于利用时间是我们必须做到的。那么，我们就要分析一下自己的特点，先找出自己的"黄金时间"是在哪一个时间段，再把一天中最重要的工作放到这时候处理，这样就能比较好地提升自己的工作效能。

用"倒计时法"逼自己一把

什么是"倒计时法"？就是用"倒计时"的方式，强迫自己在截止时间前尽快地完成一项既定的工作。这在会议管理、个人工作规划和团队进度管理上，都是一种行之有效的方法。利用它的主要原则有两条：

- 一定要限定最晚时间，让工作的周期有最基本的保证。
- 通过"倒计时"制造紧迫感，督促自己（人们）加快速度。

2018年，我为公司的培训机构和传媒部引入了这项制度，首先用"倒计时"的方式管理各级会议，要求所有的会议都尽可能缩短时间。后来，我又把它推广到了每个部门、每名员工的任务管理中。我说："没有工作是可以无限时延期的，在这里没有。我不希望听到有人说：'呀，还有20分钟就要上交报表，可我还没开始，谁能帮帮我？’对不起，公司不欢迎这样的员工。”

马里兰一家公司的行政主管丹娜·怀特（Dana Wright）女士正被拖延时间的“恶性循环”搞得焦头烂额——她的工作动力随任务堆积得越多而降低。也就是说，随着任务不断增加，她的工作动力则迅速下降，处理工作的速度愈加缓慢，内心的压力已经到了崩溃的边缘。

在坐到我面前的15分钟内，她喝了两杯水。谈及自己的状态时，她依然十分紧张，双手互搓，双脚不停地轻轻颤抖：“那一刻，我突然如从噩梦中惊醒一样，发现所有的工作都到了交付的截止日期，老板和副总裁分别打来了电话，然而自己却没办法开始动手做任何事情。我意识到自己像玩捉迷藏一样迷失了自己。”

怀特继续说：“有许多同步进行的工作，让我感到焦虑。我安排了日程表，也限定了截止时间，但是大约有三分之二的工作始终没有开始。我不知道为什么，一切都稀里糊涂的。现在我简直要咆哮了，这是什么鬼工作！”

怀特不甘心接受这样的命运。她在公司拿着30万美元的年薪，从事的又是非常重要的行政管理工作。她说，如果自己的工作任务与时间都安排不好，又怎么去管理下属，为整个公司的行政工作提供指导？怀特面临一项紧迫的任务，就是如何把积压在手头的工作尽快处理完。她需要“解药”，即使要她从头开始。

为工作制定“最后期限”是我们已经为大家推荐的方法。做任何工作都要有一个截止时间，我们已经接受并学会了这一工作原则。但是，如何保证我们能够快速地开启工作，并从一开始就给自己制造强大的推动力，避免工作被拖延到最后时刻？就像怀特面临的困境一样。

要想摆脱这样的麻烦，我们就要给任务“倒计时”，时刻告诉自己还剩下多少时间，并检查已经消耗的时间——查验工作成果，以确定后面是否需要增加单位时间工作量。

“倒计时法”的积极之处在于，首先，它能提醒我们，让我们有了“时间有限”和“截止时间”的认识——潜意识会时刻提醒我们，距离任务结束还有不到N天（小时），而不是以前认为的任务已经开始了N天（小时）。后者对潜意识没有压迫力，或者压迫力相对小很多。

其次，它让我们对已经过去的时间有清醒、直观的认识：任务已经开始3天了，这3天里我们都做了些什么，是否已按计划完成了既定的工作？如果没有按计划完成，意味着剩下的时间中每天的工作量都增加了。为了在截止时间前顺利地结束工作，我们必须重新计算日均工作量，否则就无法完成计划。

找到“拉长”时间的方法

时间就像弹簧，我们可以“缩短”它，也可以“拉长”它，就看我们持什么态度——当然，不是真正拉长它，而是提高单位时间内的思考和行动效率，挖掘我们在单位时间内的工作潜能。单位时间的效能提升了，就等于时间变长了。

加拿大艾伯塔省卡尔加里大学的副教授皮尔斯·斯蒂尔（Piers Steel）著有《拖延等式》（*The Procrastination Equation*）一书，他对拖延症对于现代社会的影响有十分深入的研究，也提出了自己的建议。斯蒂尔说：“我认为拖延使美国经济每年经受了数千亿美元的损失，仅仅玩扫雷和纸牌两种游戏就虚耗了人们大量的时间，并直接体现为数十亿美元的生产力损失。”

当人们沉浸在扫雷和纸牌游戏中时——这在午后的无聊时光中是如此普遍，就像我每次去后勤部门，都能发现几位员工的电脑屏幕上显示的是纸牌。虽然他们非常迅速地关闭了屏幕，然后装作若无其事，但我仍然能够看到。也许一两个小时过去后，他们发现自己什么工作都没做。

解释这个问题的关键是什么？这个世界上既没有对“我们为什么会拖延”的单一解释，也没有“如何才能彻底克服这种行为”的绝对奏效的方法，就像切除阑尾一样。时间拖延症不是阑尾，它通常被潜意识认为是健康的，尽管它在吞噬我们的想法，让我们来不及行动就放弃了，就如同稍纵即逝的“量子泡沫”。因此，所有针对拖延症的建议和训练都可能成为潜意识的“敌人”。

然而，关键是我们该如何说服潜意识愉快地接受这些任务——包括制定目标、把大任务分割成一系列小任务、管理我们的精力、用强制性的时间管理来提升在单位时间内的效能。重要的是我们必须愉快地接受这样的训练，并让它成为自己的一种新习惯。

在培训中，我们提出了一项名为“一小时爆炸”的拉长时间的计划，这一计划通过处理较难的任务来建立新习惯。它的执行原则是：

·在训练时，我们需要选择自己精力最充沛的时间段，通常是在上午10点到下午4点。对于某些特殊的群体，也可能是晚上10点到凌晨1点。总之，务必在自己的“黄金时间”段内开展这一训练。

·我们强烈推荐大家在此时选择一个体现自己积极向上的目标，并把所有精力都集中在这个目标上，比如学习、规划大项目、撰写文案或报表等。另外，这些目标也要具有一定的挑战性。

·在一小时内，关闭所有的电子设备，比如手机、平板电脑和路由器（除非我们的工作需要这些设备），关上房门和窗户，忽视外界任何人的声音，直到他们携带重要事项把我们的门踹开。

在咨询和培训中我不止一次地发现，很多人总是将注意力放在他们认为难度最大且最重要的工作上，然后把时间浪费在那些几乎没有任何收益的活动上。这在怀特女士的身上表现得非常明显，她一边因过多的任务而焦虑，一边又在不停地上网、听歌或者与闺密“煲电话粥”。这几乎成为一种“绝症”，而她却对此无能为力。

运用“一小时爆炸”计划，我们可以先处理比较轻松但同样重要的工作，以此进入时间开发的第一阶段，比如跟进客户，完成手中的开支报告、下季度的行政规划或者给明天要见面的客户打一个问候电话。然后，我们需要评价一下这次试验，问自己：“在刚才的这10分钟里，我感觉如何？”

正面的体验可以带给自己“高效”“积极”和“有益”的好名声，刺激潜意识，产生愉悦的心理，同时也可以压制那些“屈服”于拖延命令的冲动。随后，我们必须用强有力的实践建立一个近乎偏执的管理时间的习惯——增大工作的难度，用下一个“一小时”处理更加重要且难度更大的工作。

记住：无论多难，不要变更截止日期。当截止日期发生变化时（推迟），它会逼着我们继续拖延，直到工作被无限期拖延下去。

把“待办”变成“必办”

事实上，尽管我们的计划制订得近乎完美，但仍然会有80%左右的待办事项到最后没有处理——不是被无意地拖延，就是被莫名其妙地取消。“待办清单”有时起到了积极的督促作用，但更多的时候则像沙漏一样，将一些重要的任务漏到了我们无法关注的地方。直到过去很久，我们可能才突然记起这些计划是“曾经存在过”的。

标记出“必办”的工作

把工作进行分类是个好习惯。在开始每个周期（星期、月度、季度或年度）的工作前，用自己能够一目了然的方式进行分类，比如以不同的难度、完成周期或类型为标准，将任务划入不同的清单中，让每一类工作在清单上都有它专属的归类。同时，要将这一时间段内必须处理的工作做好标记，设立一个一定周期内重要事项的“必办清单”。

在标记必须完成的工作时，我建议大家顺便为它写上一条理由：“为什么我必须做好这项工作？”这样，每次看到这些标记时，就能够深刻地意识到它们的重要性。类似的标记会帮助我们鼓起勇气去挑战困难，而不会有意地忽视这些工作。

随身携带“提醒工具”

我鼓励我的学员在时间管理和日程提醒方面使用便于携带、易于整理的工具，而不是仅仅将重要事项记在脑子里，或者只在电脑上建立一个文档。我们要用对工具，比如随身携带的、能够装进口袋的笔记本或易于操作的手机应用程序。

查看任务应该是一件愉快的事情，不要让它为我们带来痛苦。有位学员反映说："我记了那些紧急和重要的任务，但每次查看都不方便，很考验记忆力。"他的日程表和任务清单是分散的，有的被装在了口袋中，有的被放在了卧室的床头柜上，有的则被放在了办公室里。这不利于分配时间、查看任务。因此，他经常疏忽一些重要的工作。

我们在做这项工作时需要掌握一个原则：既可以将"提醒工具"带在身上随时查看，又能让它及时自动提醒我们。在智能手机上安装和设置提醒程序是不错的方法。

定期检查自己的工作

我们应该在什么时候重拟清单？答案是：在定期检查工作的时候。我们每隔几天就要进行一次自我检查：

- 过去一星期、一个月的计划完成情况如何？
- 在刚过的周期内，有哪些工作没有完成？

根据分析，为自己准备一份新清单，把上一张清单中必须处理而没有处理的事项拿出来，单独写进新清单中，并进行重点强调。这样做有三个好处：

- 帮助重新组织工作，排列出工作的优先级，把它们作为下一阶段工作的重点。

·帮助我们分析这些工作被漏掉的原因，反省自己的日程安排和时间分配是否合理。

·加深对这些“必办事项”的认识，制订合理的行动计划，避免再次出现类似的情况。

Part8

事上不通，在人上解

别把毫无根据的“能力”当借口

不要轻易去揣测结果

即使是处在一个相当成熟的年龄段，人生已经拥有了丰富的阅历，在不了解事情的全部时便妄下结论仍然是一个严重的错误。我希望大家记得：无论遇到了多大的挫折，内心多么困惑，在未弄清楚事情的本质并采取实质的行动前，都不要轻易对最后的结果做出消极的定论。

长一头棕色鬈发的埃杜在一家广告公司上班不到两个月，还处于“危险”的试用期——不少处在试用期的同事都被通知解职了。为此，埃杜很紧张，生怕自己能力不足被解雇。他觉得，搞定任何工作都不那么简单，背后一定有什么方法。这是缺乏经验的典型表现。

一天，埃杜把前一天上司交付的策划案完成后，第一时间发给了上司。上司3分钟后就打来电话，给他交代了新任务：“明天有一个咨询会，你抓紧做一个策划方案出来。”咨询会？埃杜顿时有些傻眼，并对上司说：“时间太紧了，明天上午再交给你如何？”但上司不同意：“今天下午就要给我，马上去做。”上司就差多说一句：“如果做不出来，就收拾东西走人。”

领导说一句话，下边就得忙成一锅粥。埃杜十分郁闷，也感到惶恐，因为他没有做任何准备，也未了解咨询会的具体内容，结果下午就被要求交出一个完整的方案。这就如同大兵压境，自己的手中却还没有一支像样的军队。他越想越害怕，对做这个方案心里实在没底。

距离下午5点还有6个小时，埃杜先用一个小时了解了这次咨询会的详细情况，并查阅了相关的信息，找部门同事要了必要的资料。这时他发现，原来这只是一个比较简单的咨询会议：客户那边只来了三个人，公司这边只有一位专家和一名助手参会。他认为，参加这种级别的会议，不需要制订太好的方案，用最普通的范本就行了。于是，埃杜只用了半小时就写出了方案的初稿，再改一下就能上交了。可在这时，他的心里又打起了鼓：

"事情真的这么简单吗？"

"我会不会想错了方向？"

"上司怎么会拿这么轻松的工作考验我？"

"一定有什么东西是我没有想到的吧？"

工作如此顺利，反而让他的内心忐忑不安，他觉得一定不是自己想象的那么容易。在焦虑和纠结中，时间一分一秒地流逝，很快就到了下午四点半。这时，上司又打来电话："快点交过来，我要用。"埃杜只好硬着头皮按了发送键，把方案传了过去。让他意想不到的是，五分钟后上司就反馈了意见："很好。"埃杜心口的石头终于落下来了。

埃杜吓得半死，但结果表明他的担心是多余的。

很多时候，在行动之前，我们都会有这种"工作不好做"的揣测，让自己内心感到不安，因此出于畏惧而迟迟不肯行动，甚至拖延起来没完没了。但做起来才发现，它远比想象的容易和轻松。所以，不管面对什么类型的工作，必须首先抛弃这种"自我增加困难"的心态。

瞻前顾后将一败涂地

我在苏州遇到一位秦女士，她在当地经营一家妇婴服装店，还把店铺开到了互联网平台上。线上和线下融合，这是一个非常符合如今市场实际的策略，很多人都在这么干。但她同时也是一个优柔寡断的人，面对变化的市场有时会瞻前顾后，前怕狼后怕虎，生怕自己的决策出现失误，给店铺带来损失。

每次需要做新的决策，她总是盼着各方面条件都成熟后再行动："最近实体店的销售情况不是很好。下属对市场信息做了些调查，然后提了建议给我，希望改变店铺经营的比重，把大部分的出货都放到互联网上，如果有可能，最好关闭实体店，只保留线上业务。但我总觉得这么做的风险很大，因为我对互联网销售不太了解，之前虽然有线上业务，也卖得不错，但那些业务都是员工在替我打理，我自己的工作重心都放到实体店上了。如今面临这么重大的变化，我害怕会有变故，万一失败了怎么办？"

不管这样做是多么有必要，秦女士都表现出了一副"还需要再观察一番"的态度。一方面，她由于对互联网不熟悉而担心自己的能力不足；另一方面，她保守的性格决定了自己不想冒险。比如，她杞人忧天地认为，"如果哪一天网上购物不流行了该怎么办？"可没过多久，由于维持实体店的成本过高，秦女士的线下店铺就经营不下去了。她为自己的畏惧和保守付出了沉重的代价。

不要有缺乏自信的表达

在沟通中，我发现秦女士有一个特点：她喜欢用消极的词句定义自己正在做的事情，比如"万一""变故""风险""失败"等词语频繁地从她的口中说出来。对于未来，她有强烈的不安全感，因此总是觉得只要采取行动，就可能会承受无法预测的损失。总体而言，她对自己的能力缺乏自信。

解决这个问题，要学会站在积极的角度定义未来的行动。如果想到风险，就告诉自己“我能应对”；如果想到“万一”，就告诉自己“我已制订好了预案”；如果想到失败，就告诉自己“以我的能力，一定能解决可能出现的问题”。如果心态是正面的，结果大概率也会是正面的。

做决定后不要总是怀疑

那些担忧风险的人，除了对自身的能力不自信外，还存在着顾虑过多、坚持力不足等问题。比如，明明已经做出了决定，执行一段时间后又突然想换另一套方案，推翻已经定好的计划。这导致他不能长时间地贯彻和实施自己的想法，这山望着那山高，结果就是什么想法都没有实现。从表面上看，他是想追求更好的结果，避免可能出现的风险，实质上是不自信的表现。这样做不仅严重地损害了他的信心，经历几次挫折后，他的决断力还会大幅度下降。

为了防止采取行动后又反复无常，我们必须确立一个原则：一旦做出某项决定，就不要轻易更改。当开始行动后，别再想“这么做是不是合适，会不会有风险”，要义无返顾地坚持到底。不能长期坚持一项决策的人，在行动中既浮躁，也经受不住暂时失败的打击。即便遇到了一些风险，我们也要有足够的耐心去战胜它，尝试寻找解决的办法，再看看如何选择，而不是立刻就退缩回去。

再好的计划也会被“缓一缓”拖死

拿破仑·希尔在一次演讲中说：“我们做任何事情，都必须拼命去做，不要半途而废，也不要迟迟不采取行动。如果我们总是搁置自己的计划或者半途而废，倒不如不做来得更好。最重要的是，我们要把所有的精力集中到计划上，体现为自己的实际行动。当我们决定是否去做某一件事情的时候，要么就是这件事情一定有去做的价值，要么就是这件事情没有去做的价值，不可能有一个中间答案，也没有时间让自己观察。因此，一旦我们决定了去'做'后，就要集中精力开始，别再胡思乱想，或者将心神转移到其他的事情上。”

对多数人而言，制定目标不是一件困难的事情，小到孩子，大到我们这些工作多年的成人，几乎都是信手拈来，可是要把目标贯彻到底就不是一件轻松的事了。“立刻开始”对许多人来说，更是一种意志上的艰难挑战。

我相信很多人都有过这样的经历——在制定目标时，热情洋溢，斗志高昂，恨不得磨刀霍霍，立刻上阵，但定好目标以后，过了几天甚至几个星期仍然没有行动。伟大的计划就在这种“缓一缓”中被拖死了，当初的信心和野心这时已经荡然无存。

把目标“具体化”就能激励自己

当我们定好了目标后，为了保证可以及时实施，最好的做法不是把它放在脑子里，而是将其写在纸上，或者打印出来挂到一个随时能看到的地方，每天提醒自己。把目标写下来后，还要把它“具体化”，即：

· 要写清楚“自己想干什么”。

· 要写明白“做到它，自己有什么条件”。

·要写好“自己应该怎么干”。

这三个步骤我已经在本书中多次强调，它是从“敢想”到“敢干”的前提，是想法转化为行动的基础。但遗憾的是，很多人连这么简单的步骤都不去落实。更多的情况是，他们有了一个想法，脑海中制订了一份初步的计划，然后很快就忘了，仅此而已。

立即干起来，而不是“等一等”

当我们将目标写下来并且“具体化”和“形象化”后，随之而来的关键一步，就是马上按照计划立即干起来，一分一秒都不要等。让想法转换为成果，这是最重要的一步。我们需要朝着实现目标的方向及时迈出第一步，丝毫不要拖延。这时候如果我们告诉自己：“我等一天再说。”结果就是我们很可能等五天、十天甚至更久，而自己什么都没做。如果现在我们立刻开始干，也许用不了一天就完成了计划的大部分。

当计划尘埃落定后，就别再对环境和条件不满，不要多想现实和未来，放弃任何多余的思考——思考过多往往会麻痹我们的大脑，让我们停留在原地更长时间。很多人之所以距离他们的目标越来越远，并不是缺乏实力，而是缺少果断的决定：是马上行动起来，还是一直观望下去？

现在请你合上本书，想一想自己“延迟行动”的动机是什么。是机会不好，还是对自己的能力缺乏信心，或者是感觉条件还不成熟？在我们收集到的上千份案例中，有超过60%的人到最后都认为，并不是客观因素让他延迟，而是他没有下定决心。

“下定决心”就是要做一个正确的决定。我们要对自己说：“我已经做好了准备，我将展开行动追求目标。”当树立了这种毫不迟疑的行事风格后，能力问题就不再成为我们延缓行动的理由。我们可以在行动中解决任何问题，并且树立强大的自信。

不要沉溺于“后悔”情绪中

有多少人在事情被搞砸以后悔青了肠子?

韩国SK电讯公司的崔小姐来中国出差，我们一起坐了坐。她好像有一肚子怨气，每天从早到晚，脸上都带着不甘心、不开心等消极情绪。她对我说：“你不要认为我是一个没有追求的人（她生怕别人这么看她）。事实上，这些年我定下了许多美好的计划，但是输得多，赢得少。我有一个毛病，就是事前制订计划时没有主见，可能潜意识中觉得那个计划不错，但偏偏没有采纳它，而是选择了大家都认可的方案。我有一点盲目从众的毛病。当事情不如意时，我又会沉溺在这种后悔的情绪中，很长时间走不出来。”

崔小姐不久前刚刚走进了婚姻殿堂。她对婚姻有着美好的规划，早在自己20岁时就开始畅想要举办一场浪漫的婚礼。对此，她做了无数次设计，有许多个版本的婚礼，也把一些独特的想法告诉了未婚夫。俩人商量了一些方案，最后选择了一种既经济实惠又有浪漫温馨的方式。但是，在举行婚礼前的一个月，崔小姐突然又觉得闺密们提供的方案可能更好——这些方案是临时提供的，于是她坚持更改计划。原定的婚礼在教堂，她改到了海边。

然而，出人意料的是，当天婚礼正在举行时，突然下起了暴雨，毫无准备的一对新人和宾客被淋成了落汤鸡，大家十分狼狈。崔小姐的好心情顿时消失得无影无踪，她梦想中浪漫的婚礼化为了泡影，这是她不能接受的。事后的几个月里，崔小姐始终走不出这次事件给自己造成的心理阴影，每天都在后悔："要是当初没有改变计划就好了！"

丈夫苦笑着安慰她："亲爱的，这是你婚后对我说得最频繁的一句话。但是你知道吗，我对这件事一点儿都不在意，不管结果是好还是坏，我认为所有经历过的都是一种幸福的回忆，没必要再念念不忘。"

崔小姐因自己过去的决策失误而抱怨，乃至抱怨成了她的常态。看上去她是在后悔自己过去做的某个决定，实际上是对未来缺乏信心。没有勇气面对未来的人，才会沉浸于自己过去的失败中。挫败感之所以总是存在于他们的生活中，给他们的心灵造成很大的伤害，就是由于他们不敢面对未来。

在行动的路上，既然已经做了，不管遇到了多大的挫折或失败，一定要保持积极的心态：过去的已成历史，重要的是吸取教训、面向未来。因此，千万不要抱怨。抱怨不会给自己带来任何有益的帮助，它也解决不了任何实质性的问题，反而会成为我们继续前进的绊脚石。成功从来都不属于那些喜欢抱怨和寻求别人的同情的人，成功也不会光顾那些原地踏步、到处寻找"后悔药"的人。只有用实际行动一步一步地往前走，用昨天的教训为明天打下坚实的基础，我们才有机会实现目标。

我对崔小姐说："问你一个问题，不停后悔的习惯，给你自己的生活带来积极的改变了吗？或者说，每一次后悔对你后来处理相同的事情是否提供了有益的经验？"这是一个关键的问题。假如后悔可以奏效，全球各个角落可能早就充满了叹气声，华尔街一定是哭声最大的地方，每所大学也都会开设专门教授"后悔学"的课程。但是这一切都不可能发生。

因此，崔小姐的回答也在我的意料中：“除了情绪越来越糟，我没发现有何好处。如果无法走出这个阴影，我对待生活、工作、友情等都会越来越浮躁，也越来越敏感，因为我总是害怕自己做出的决定是错误的。这让我变得疑神疑鬼，在行动时更加拖延。拖延的目的不是思考更好的计划，而是害怕行动后的结果会让自己再次后悔。”

陷入这种状态的人对生活总是充满了抱怨和不满，他们的内心有强烈的完美主义情结，他们的行为有严重的选择障碍症，但现实的种种不如意又让他们焦头烂额、心浮气躁。也正是这种糟糕的负面情绪，才进一步恶化了事态，让他们从生活中收获到的越来越少。

抱怨和后悔不能解决任何问题。有句话说得好：“我们与其诅咒黑暗，不如赶紧点亮蜡烛。”除了让事情变得更坏，抱怨没有任何好处；除了让自己对过去的事情捶胸顿足，后悔也不会带来任何正面的收益。所以，从读到此处开始，立刻且永远扔掉抱怨的情绪，让它“不可复生”地从自己的大脑中消失。

不要以“时间不足”为借口

每个人都有一套“自我安慰”系统。那么，它是怎么发挥作用的呢？当没有做好一件事情时，我们的大脑中是否立即出现了这句话，用“时间不足”等理由宽慰自己，把该承担的责任从自己的大脑中抹掉？

“如果再多给我点时间，我一定……”我在办公室和课堂上无数次听到人们以同样的语气强调这句话，他们很少反思自己为何没有利用好有限的时间，而是为自己的拖延寻找不容置疑的理由。

我的一名员工，设计部的刘先生与他的上司吵架时，每次都会重复这个借口。刘先生负责公司新媒体平台的创意设计工作。从技术角度看，他是一个富有才能的人，具有很强的发散性思维；但从效率角度看，他拖沓的工作作风让设计部的主管十分恼火："这个人的能力特别强，写出的方案是整个部门里最有创意的，也取得了一定的市场效益，但他的问题就是拖延症严重，每一天都比昨天更严重。"

终于，刘先生犯的错误在一次严重的拖延行为中被放大，他在"最后期限"前仅仅完成了工作的一半。当上司再次催促刘先生时，他故技重施，与情绪近乎失控的上司争吵起来。这起事件以刘先生的离职结束，因为我们不能容忍此类行为频繁发生。如果别人能够在同一周期内胜任同样的任务，而他却总是认为时间不够用，说明他管理时间的能力非常低。

我们会发现有些人就是这样的，他们在行动之前存在着各种拖延的现象，当到事情没做好时，又很不服气，死不认错，用"如果……"的话来为自己找回面子。事实上，假如他们不赶紧扔掉这种思维，就很难建立真正的行动思维，也很难提升自己的行动效能。

开发和利用"现有的时间"

如果我们想让自己更有意志力，就必须遵守"现有的时间"计划，努力在既定的时间范围内做好工作，完成任务。"现有的时间"才是"黄金时间"，也是最宝贵的时间。想象一下，每次都抱怨时间不够用的结果是什么？是我们在做所有的事情时都大大超支了有限的时间资源，进而影响到自己安排整个工作和生活的时间。在他人眼中，我们将变成做任何事都拖拖拉拉的人，我们也将成为不靠谱的合作伙伴。

因此，我们要从现在开始坚定地确立一种认识：时间是比任务更宝贵的资源。一个不尊重时间的人，他的能力也将不会被他人认可。一个总是拿“时间不够用”当借口的人，他无论有多少宏伟的计划，都很难实现。从今往后，我们要停止这样的埋怨，把所有的精力投入到对“现有的时间”的开发和利用上。

放弃完美主义和“理想的结果”

当我们对环境放弃完美主义的幻想时，那些“理想的结果”就会烟消云散。不要为此着急，因为这不是一件坏事。就像我在课堂上讲的：“理想的结果永远不会成为现实，它只存在于我们的计划中。假如我们试图追求理想的结果，就会发现身边的环境永远不完美，永远令自己不满意，而自己的时间永远也不够用。带着这种不满足的缺憾，我们的一生都将一事无成。”

· 对环境：我们只需要提出40分的要求。

当环境满足了开始行动的基本条件时，我们就不能有任何抱怨的理由。即使环境永远只有40分，我们也要尽可能开发它有利的因素，适应那些苛刻的、难以预测的条件。

· 对结果：我们只需要制定80分的追求。

无论时间有多紧张或宽裕，能实现目标的80%就已经是非常好的结果。而且以我们多年的研究来看，即便是实现了80%的目标，对多数人来说也是一种非常难得的成就。

不要把困难当成阻碍

在遇到困难时，我们的第一个想法是什么？是缩回脑袋躲到家中什么都不干，还是像好莱坞著名演员西尔维斯特·史泰龙一样坦然面对，并且继续努力？

22岁那年，有一定戏剧功底的史泰龙从欧洲回到美国，他需要重谋职业。他所有的家当是一辆破旧的汽车和100美元，除此之外再没有别的。于是，他一边啃着面包，一边开着破车到处找工作。

“我接下来要做什么？”这是史泰龙想到的第一个问题。最后，他决定从事演员和编剧工作。这是他从小到大的梦想。下定决心后，他到美国几乎每一家影视公司应聘，当面介绍自己，也写信或投递简历，告诉那些导演自己有一部富有创意的剧本，而且自己也将成为这部剧的主演。

但是，史泰龙的形象并不突出，他不是“英俊的小生”，不符合当时电影市场的环境和审美要求，所以他的求职总是被拒绝。据他自己说，被拒绝竟然高达一千多次。

可以想象一下，有谁能承受被拒绝一千多次的挫败感？对现在的大部分人而言，这都是一个很难接受的挫折，也是很难战胜的困难。我曾经见过被拒绝一次就感觉丢了面子摔门而走的人，他们不愿意接受被拒绝。但是，史泰龙对自己的信心很足，也具有积极的心态，也从来没有想过放弃，而是不断地鼓励自己：“我相信这个世界是充满仁慈的，它不会一直让挫折来陪伴一个人。我相信失败只是暂时的，而我早晚能遇到机会！”

在强大的意志力的驱动下，史泰龙坚持不懈地向各影视公司介绍自己的剧本，终于遇到了一位比较看好他的导演。

这名导演准备买下他的剧本，并让他在剧中出演一个角色，但是不想让他做主角，理由是："如果我让你做主角，电影的票房肯定会惨不忍睹。"

史泰龙回答："如果你要用我的剧本，就一定要让我做主角，否则我是不会把剧本卖给你的。"

导演再三思虑后，选择了妥协，让他尝试一次看看。没想到，史泰龙凭借这部电影一鸣惊人，获得了第49届奥斯卡金像奖和第34届美国金球奖最佳男主角以及最佳编剧奖提名，跻身美国一流演员行列。这部电影叫《洛奇》。

困难没有让史泰龙退缩，他认为一切困难都是暂时的，困难是对自己的锻炼。同样，困难也没有让音乐大师贝多芬倒下，他在耳聪以后写出了一系列震古烁今的不朽名作，把自己的梦想化为一曲曲经典的音乐。每当读到贝多芬的故事，我都会问自己："假如我失聪了，我还会从事现在的工作吗？我还有勇气出头露面、向他人介绍我的梦想吗？"只有在询问自己这样的问题时，我们才能真正意识到贝多芬的伟大。

在弱者的眼中，即便一丁点儿挫折都意味着梦想的破灭与行动的失败，一点儿风吹草动就足以让他们流泪；但是，在强者看来，这是对他们的考验。弱者把困难当成是环境给予自己的阻碍，强者却将困难视为自己在内心制造的"敌人"——他们积极地面对，然后解决这些大大小小的问题，以永不停止的行动改变命运。

在挫折中逼出自己的潜能

松下电器有遍布全世界的经销商。但即便是松下品牌名气最大的那几年，也并不是每一个经销商都能始终保持盈利。销售电器与经济形势关联很大，经济形势不好时，人们的购买力下降，销售电器就会很困难。

有一年，由于日本经济实在不景气，很多日本国内的经销商都面临亏损的局面。其中一位经销商亏损一段时间后，实在坐不住了。他想了很多办法，就是无法让生意摆脱低谷，一度想关闭店面，另寻它途。后来，无奈之下的他就去向松下集团的总裁松下幸之助请教，希望从他那里得到一些指点。

见到松下幸之助后，这位经销商将自己的情况和经营的模式详细讲了一遍，然后便坐在那里唉声叹气。松下幸之助没有直接给出答案，而是反问道："现在的市场很萧条，大家的生意普遍不好，这当然不是你的责任。但我想问的是，是不是所有的经销商都在亏损呢？"

"当然不是，还是有些店面盈利了。"这位经销商摇摇头说。他承认的确有人做得比自己好，这正是让他沮丧的原因。

"这就对了。"松下幸之助不紧不慢地说，"市场不景气，生意很惨淡，这是不容回避的现实。可你只是忙着发愁，而不是及时采取行动去解决问题，这只能说明你已经被眼下的挫折打倒了。你没有把挫折转化为挑战，没有利用挫折激发自己的潜能，去创造性地解决问题。先生，你可以总结一下每一位生意人成功的秘诀，那些在不景气的市场中赚到钱的人，没有一个不是勇敢地接受各种考验、绞尽脑汁地解决问题然后才取得成功的。这难道不正是我们生意人应该做的吗？现在，你向我请教改善生意的方法，我只能对你说声抱歉，因为我没有什么灵丹妙药可以提供。我唯一能做的，就是希望你面对现实，把现在的困难当作一次考验，倾尽全力地尝试去解决。我相信你会从中发现一条道路，这条道路的尽头一定是好的结果。"

松下幸之助的话起到了作用，让这位经销商的内心感到无比震撼。

回到店里后，他开始反思自己的态度，然后召集全体店员开会，将自己向松下幸之助请教的过程告诉了每一个店员，并转述了松下幸之助的话。他希望所有的店员能够团结起来，一起理解松下幸之助这一席鼓励的话，努力想办法，解决现实的问题。

全体店员都振作精神，集思广益，商讨对策。经过几次闭门会议后，经销商与店员一起想出了办法：想突破困境，唯有创新！他们重新布置店面，制定了新的服务措施，推出了送货上门和免费上门维修等服务。这在当时是一项创举。半年以后，他的店不但扭亏为盈，而且生意越来越好，变得门庭若市，成为当地销售情况最好的电器经销店。当有人问他是如何摆脱困难的时候，他回答："我要感谢松下先生，同时更感谢之前的挫折。这是上天对我的考验，我没有逃避，在通过考验的同时，还获得了一生受用无穷的财富！"

挫折能考验我们的意志力，但成功者能够借此逼出自己的潜能。即使是全世界最优秀的人，他的人生遭遇到重大的挫折也在所难免，没有人可以一帆风顺地到达终点，顺利地实现目标。有时候，突如其来的困难会让我们难以承受，以至于让我们毫无预兆地跌入绝境。但是，越是在这个时候，成功者就越能够化困难为挑战，借机开发自己的潜能。

就像史泰龙一样，他始终相信自己的能力，因此虽然被拒绝了多次，但他仍然坚定地认为自己可以做一名优秀的主演。最后的结果也表明，史泰龙在困境中找到了机遇，证明了自身的价值。

成功者给我们的最大启示，就是在任何时候都不要逃避困难。逃避是最简单的行为，也是对自己最不负责任之举。对失败者而言，挫折看起来好像不能把他怎么样，实际上他是以一种向挫折投降的方式结束了自己的理想。成功者从来不会背对困难，他们总是能够正视面前的挫折，挑战那些最难缠的问题，并在这个过程中锻炼自己的能力。

面对某个挫折时，如果我们逃避了，它就会在未来再次出现并打倒我们；如果我们能坚守阵地并且战胜它，我们将会变得无所畏惧。坚持不懈，方能反败为胜。

换个心情迎接困难

这几年，我在工作和生活中都是著名的“好心情先生”——这是几年前我的助理苏小姐给我起的绰号。因为越是遇到困难，我的心情就会越好，至少表面上看起来是这样的。我讨厌发火，甚至不希望自己的脸上有阴云密布的表情。我希望不管发生什么事情，自己都可以镇定地对待，以乐观的心态把困难化解。

有一次，下属搞砸了一桩生意，他第一次与客户见面时就用苛刻的条件把客户吓跑了，而这个条件连我都不能接受。下属立功心切，故意提出了十分苛刻的合作条件，客户没给他讨价还价的机会就拂袖而去，然后发邮件向我投诉。

这是一次严重的“事故”，下属回来向我汇报时，脸色煞白，眼神中充满绝望。他可能觉得自己一定会被痛骂一顿，然后去财务部门结工资走人。

但是，我只是笑了笑，说：“这没什么，我交给你一项新任务——去你自己的办公室，花半小时时间，总结一下这次谈判的教训，看能不能产生新想法？如果有了新想法，记得告诉我！”

遇到这种情况——损失了一位非常重要的客户，有一大笔钱没赚到，显然是很严重的失误，换一些人早就大发雷霆，或者为此感到忧虑。我不会这么做，我会用轻松的心情处理这件事。因为我知道，所有的“困难”和“问题”都不是外在的，而是由我们的内心制造的。如果我们认为是困难，那么它一定会变成难缠的问题；如果我们认为不是困难，那么它就可能迅速转化为可利用的机遇。

我们每天都在说“向成功者学习”，学习他们敢干、实干的能力。那么，究竟应该怎么学呢？一个重要的原则是始终以乐观、积极的心态看待各种各样的困难。说到底，当困难发生时，它代表的是问题还是机遇，是由我们自己的心态决定的。

勇敢走出“舒适区”

现实生活中，几乎每个人都想过上舒适的生活，在某种情况下会懒得动弹，最想做的事情就是维持现状，即便之后“地动山摇”，也要保持当前的舒适状态。

西雅图的吉安杰德·雷古勒斯（Juanjode Regules）曾经由于厌恶工作而找我为他“治疗”。他有17个月的“失业史”——不是找不到工作，而是不想工作。为此，他的内心充满“罪恶感”。在读到我的文章后，他发现消除这种“罪恶感”最有效的方法就是走出房间，而不是继续制造舒适和快乐麻醉自己。这是一项艰巨的任务，但努力的过程却十分伟大。雷古勒斯要战胜的习惯十分普遍，就是人们的内心对安逸和舒适生活的追求。

他说：“我为了说服自己继续拖延而开动脑筋，有许多消极的创造。每当大脑中有一个想法督促我去30英里外的商业区面试时，大脑的另一半马上便会提醒我：‘嘿，这个季节如此酷热，看外面的天气，太阳就像是在喷火，烧烤着路面，你不觉得待在空调房里才是自己应该做的事吗？’哦，好吧！我重新在松软的沙发上瘫坐下来，拿起遥控器打开电视，饮料就在伸手可及的地方。我说服自己花光积蓄再出去工作，并把注意力放到搜寻好看的电视剧上。我每天在这上面花至少 8 个小时，简直要懒死在家里。”

幸亏雷古勒斯没有女朋友，他没有为沉溺于如此舒适的生活而付出惨重的代价。但是，他现在想做出改变。问题不在于他内心的“罪恶感”，而是他对于探索未知领域的畏惧——他不想让自己难堪，特别是“被人拒绝”，这种事情会打破他强烈守护的舒适感。

“罪恶感”与舒适感相伴相生

我在写给雷古勒斯的邮件中说：“假如这种逃避工作的习惯让你感到不快，你就不应该在内心不停地谴责它。因为罪恶感加重会产生副作用，那就是强化冲动心理，强化拖延症。”

这是很正常的现象。冬天的早晨，我们越讨厌赖床，就越会晚起床；在办公室，几乎每个人都抗拒冗长的会议，但召开会议的时间往往会被不断地延长。“罪恶感”和舒适感相伴相生，同时也会让我们远离舒适生活的动力变小。

所以，在我的建议下，雷古勒斯开始这么想问题：“天气确实很热，我多休息几天也是一件好事。”不可思议的是，当他在内心肯定这一想法而不是“讨伐”它时，第二天清晨他便不由自主地爬起来了——7点钟穿戴整齐，8点钟就赶到了西雅图最大的商业区。他终于迈出了第一步，开始找工作了。

找到打破现状的充分理由

为了从舒适的房子中走出来，雷古勒斯需要几条过硬的理由，他不是要戒掉半躺在沙发上吃零食或看电视的习惯——这不是有说服力的目标，而是要在外面的世界中“写下点什么”。“写下点什么呢？或者说这个世界需要你展示什么呢？”我问他，“是你该如何享受居家男人的安逸生活？是躲避辛苦工作的懒人经验？显然不是。看看过去几年来你想实施而一直没有付诸行动的计划，如旅游、事业、友情等能证明自身价值的事情，找出一个可以立刻启动的任务。”这些搁置的计划被压在箱子底下已经发霉了，为何不把它们拿出来呢？

作为在某科技公司工作过、有丰富经验的前信息部主管，雷古勒斯要想彻底战胜“维持现状”的懒惰心态，就要鼓励自己继续挑战生活和事业上的高难度目标。于是，他离开了自己独居的80平方米的公寓，转行去做软件生意。他用更高的目标激励自己，建立了高效的行动模式。他现在感觉很好，因为能够一边赚钱，一边创造新的“舒适感”——享受挑战带来的成就感。

敢于正视和挑战眼前的困难

美国电影《荒野猎人》讲述了一名皮草猎人在严酷的寒冬荒野求生并且成功复仇的故事。该片的主演莱昂纳多·迪卡普里奥因此获得了生平第一个奥斯卡金像奖最佳男主角奖。

在电影中，莱昂纳多扮演的休·格拉斯是19世纪一名技术高明、经验丰富的皮草猎人。一次，他和朋友在远离人烟的冰原上打猎，他被一头熊攻击且受了重伤，皮开肉绽，身体多处骨折。更糟糕的是，一名自私的队友杀害了他可怜的孩子，并把他抛弃在荒野等死。冰天雪地，没有食物，所有人都认为他死定了，包括那名凶手，但格拉斯顽强地活了下来。凭借坚强的毅力和高超的求生技巧，他在蛮荒之地穿行了数月，终于回到了狩猎队的大本营，并成功实施了复仇计划。

身受重伤，又独自置身于冰原上，到处都是野兽，还有比这更恶劣的环境和更大的困难吗？这可能只有百万分之一的生存概率。

在培训课上讲述这个故事时，我说："当每个人都认为你一定会输掉这场比赛时，你要做的是等死，还是奋力一搏？"遇到困难时不要先想着抱怨和绝望地哀号——这只会让你"死"得更快，而是看看面对同样的困境别人是怎么做的。要学习那些成功者身上的优秀品质，并且培养敢于挑战的能力。

夏伯渝是中国登山协会的一名工作人员，而且双腿残疾——是无腿的残疾人。他曾在66岁高龄时成功登上了珠穆朗玛峰。

23岁之前，夏伯渝还是四肢健全的运动健将，也是一名登山爱好者。那时他和我们一样对未来的人生充满各种美好的想象。但在23岁时，他攀登到珠穆朗玛峰8600米处的时候遭遇暴风雪，为了保护队友，他的双腿被冻掉了，从此成了一位"无腿勇士"。

普通人面对这样的困境，恐怕早就远离登山事业，每天躲在家中过着被人照顾的生活，可夏伯渝没有向现实屈服，他的梦想就是有朝一日能够靠自己的力量再次登上珠穆朗玛峰。虽然没有了双腿，但他仍然不想放弃。"人只能活一辈子，即便没有腿，我也要实现自己的梦想。"在他看来，只要自己有梦想，敢于挑战困难，就没有什么事情是做不成的。最终，他成功地战胜了没有双腿带来的困难，站在了珠穆朗玛峰的顶端。

从这两个故事中，我们可以看到成功者面对困境时所展现出来的优秀品质是相同的：

·他们始终以乐观、积极的态度面对困难，无论自己遇到了多大的麻烦（即便是遇到了生命危险）。

·当困难产生时，开动脑筋，冷静地想办法解决，并且不改初心（不会由于遇到了困难就放弃既定的目标）。

·他们在生活中培养了一种优秀的习惯——在遇到困难后，不是习惯性地逃避，而是习惯性地发起挑战（他们从来都不会畏惧困难）。

底特律的一个小伙子哈尼克遭遇了他人生中最大的一次危机——他如此定义问题的严重性。就在整个家庭都需要他的工资生活时，他被一家数据开发公司解雇了，理由是他的工作出了差错。但真实的原因是当时经济形势十分糟糕，公司正在裁员，而他不幸成为其中的一个倒霉蛋。

这意味着哈尼克失去了每月7000美元的工资和数目不少的奖金，家庭顿时陷入困境。在那几年，底特律的就业市场就像被一层厚厚的冰霜覆盖，如同电影《后天》中的情景，没有多少人能绝对保证自己失去一份工作后可以在段时间内找到新工作。因此，哈尼克感觉天都要塌了，他沮丧地说："房子肯定要被银行收回，我和妻子、女儿估计要流浪街头了。"他承受不住这样的压力，产生了自暴自弃的想法。

后来，哈尼克因一次偶然的机会得到了史密斯的联系方式，他打来电话希望过来求职。这是我们的培训部第一次接到求职而不是咨询的电话。他"病急乱投医"，抱着碰碰运气的想法询问我们能否给他提供一份工作。

史密斯听说他的情况后，先问了他三个问题：

“失业至今你向多少个公司投了求职简历？”

“如果有一份工作需要你一个人在洛杉矶待24个月，其间没有一天假期，你能接受吗？”

“假如我们的职位竞争很强烈，只有三百分之一的录取机会，你是否愿意为了这个机会去接受为期3个月的培训，然后再来面试？”

这是非常有针对性的三个问题。第一个问题是在考验哈尼克解决困难的主动性，看他能否快速行动起来；第二问题是在考验哈尼克能否耐得住连续工作24个月的寂寞；第三个问题是通过询问，看看哈尼克为了一个改变命运的机会愿意付出多大的代价，以此来判断他的决心和意志力。

遗憾的是，哈尼克的回答让我们感到失望。他在失业后的两个月内仅在底特律当地投过两次简历，其他时间几乎都“宅”在家里坐等机会上门；至于后两个问题，他的回答都是“NO”，他不愿意承担这么长时间的“无假期工作”，即便我们只是问问；他也不想为了三百分之一的机会去给自己“充电”3个月——虽然“充电”学习总是有好处的。

因此，史密斯立刻拒绝了他的请求。与成功者比起来，“哈尼克们”解决问题的能力以及主动性都太弱了。在哈尼克身上，我们看到了一种坏风气：好像生活中所有的问题都与他无关，他渴望环境自己改变，或者别人把机会送到他身边，而他已经习惯了守株待兔。

在我们身边到处都有“哈尼克们”，他们确实遇到了困难，陷入了人生困境或事业低谷，就像被丢弃在荒野上自生自灭的格拉斯。但是，他们对于战胜危机缺乏信心，也没有挑战困难、走出险境的强烈动力。所以，即使有人愿意帮助他们解燃眉之急，未来的某一天，他们仍会重新陷入困境。在与成功者对比时，我们必须首先看清楚那些优秀人物之所以取得了骄人的成绩，在困境中展现出了惊人的意志力，正是由于他们在平时养成了正面面对困难的好习惯。我们要从对比中看到差距，同时知道自己需要向他们学习什么。

以奖励的方式激励自己

斯普林格是德国著名的人力资源开发专家，他在所著的《激励的神话》一书中写道：“强烈的自我激励是成功的先决条件。”可以说，高度的自我激励精神是一个人不断地实现理想、把计划变为现实、走向成功的必要前提。

哈佛大学的心理学教授威廉·詹姆斯也在研究中发现，一个没有受过激励的人，他的潜力只能发挥出20%到30%；但是，当他受到激励时，则可以立刻发挥出至少80%的潜力，甚至可以超水平发挥。也就是说，一个人经过充分的激励以后，他发挥出来的能力是激励之前的三到四倍。由此可见激励的重要性。

有一位名叫坎贝尔的女士在1991年实现了一项壮举：她徒步穿越非洲，不但穿越了森林和沙漠，更是通过了400平方千米宽广的土地。没有人能想象到一个弱女子是如何完成这一目标的。有人问她是怎么做到的，她回答：“因为我说过我能！”她用一种最简单的自我方式激励自己穿越了非洲大陆。

这种强大的自我激励究竟是什么？就是我们在上幼儿园时获得的大红花和在学校时收到的“三好学生”奖状。它们的形式不同，但起到的作用是一样的。小时候，我们梦寐以求地想得到这些奖励，因为它们代表着优秀、好成绩和老师的认可。同样，我们也可以把这种奖励方式运用到工作和生活中，来提升行动的能力。例如，完成一项小任务，奖励自己一顿美食、一场想看的电影；完成一项大任务，奖励自己一次旅行、一段时间的假期。

达成阶段性目标后就奖励自己

通用公司前CEO罗杰·史密斯（Roger Smith）刚开始到通用公司应聘时是在1949年，那年他24岁，他来应聘做会计工作。史密斯之所以想到通用公司寻找一份长期的工作，是因为他的父亲对通用公司的评价非常高。

面试时，史密斯刻在脸上的超强的自信给面试官留下了深刻的印象。但是，当时通用公司只有一个会计职位的招聘名额。面试官告诉他："年轻人，你知道吗，竞争这个职位的人非常多，而且对于一个新手来说，你可能很难立即胜任这个工作，所以你失败的概率很大。"许多年轻人听到这样的劝告后可能就会知难而退，甚至以为面试官在隐晦地对他们表示"你没有被录用"。不过，史密斯并不认为这是一种困难，相反，他觉得自己完全可以胜任这个工作，因为他是一个非常善于自我激励的人。

于是，史密斯对面试官说："我不仅能做好这个工作，还希望将来成为通用公司的董事长！"最终，他被录用。1981年，他果然实现了自己的梦想，成为通用公司的掌舵人。

史密斯除了用目标进行自我激励外，还喜欢对自己进行阶段性奖励——每完成一个目标，他就奖给自己一份特殊的礼物或一段时间的假期。在一次聚会中，史密斯这样对合作伙伴说："每当我想到实现这些目标能够给我带来的好处时，我就能激发出自己全部的潜能去做好这件事情。”

制订一份“情绪奖励计划”

在挑战有难度的目标时，随时会冒出来的问题和挫折总是会打击我们的情绪，让我们在一段时期内变得消极和沮丧，陷入低谷。消极情绪就如同蝗虫过境，它们会瞬间冲垮我们的信心，剥夺我们的理智，让我们失去方向感。消极情绪的破坏力非常大，如果不加以控制和引导，不仅阻碍我们完成计划、实现目标，甚至会导致我们精神抑郁、行为失常，做出让自己后悔的事情。

例如，我们投入很大的精力、花了几个月时间去操作一个项目，万事俱备，只欠东风，公司突然告诉我们项目有可能被取消，让我们做好心理准备。此时，我们可能会产生无尽的挫折感：“我这几个月白忙了？公司是什么意思，是对我不满吗？”这很可能让我们从此不思进取，对公司失去忠诚，对工作丧失信心，还可能让我们开始放纵自己，出现暴饮暴食等情况。

为了克服这些消极情绪，我的建议是制订一份“情绪奖励计划”——每当自己能够以乐观的态度对待挫折，并且成功地把它解决时，便视问题的大小，给予自己一定的奖励，用奖励的方式鼓励自己从正面的角度思考和解决这些麻烦。

比如，在上面的例子中，项目遭到公司冷遇该怎么办？不要自暴自弃或过早地放弃——这是最蠢的选择，而是尽自己最大的努力积极地跟公司沟通，用项目的前景说服决策者。只要你尽力做到了这些，就在此后奖励自己7天假期。在这7天中，你可以去自己想去的任何地方享受自然风光，或者允许自己购买一套心仪已久的数码产品等。

通过这种有规律、不间断的奖励，避免自己的情绪大起大落，让自己始终保持一种积极向上的心理状态。这样一来，我们就能成为情绪的主人，即使遇到了再大的挫折，也能迅速重新振作起来，去高效地解决问题，而不是从此一蹶不振。

奖励自己要遵循的原则

在进行自我奖励时，有一个必须遵循的标准——无论是哪种奖励，都应该循序渐进，不能超出自身能力所能承受的范围，也不能一次性给予自己过大的满足，要始终给自己留有余地，让自己保持长久的动力，持续取得成功。这就像摘苹果，我们要摘能够得到的苹果，同时要控制自己，做到适可而止。

此外，我们还应该遵循以下几个原则：

第一，奖励应该是能够激励到自己的事物。

如果奖励的东西是你不感兴趣的，那就失去了激励的意义。例如，本月超额完成了业绩，你应该奖励自己一部手机（这可能是你需要的），而不是一套迪斯尼乐园的门票（或许你没有这个需求）。要把那些你渴望获得的东西写进奖励计划，将它们平均分配到每个周期的奖励中，带动自己完成一个又一个目标。

第二，奖励应该及时兑现，不能延期。

在执行的过程中，切忌给自己开空头支票。因为任何奖励只要延期兑现，都会在潜意识中引起失望的心理，使得自我奖励变得毫无激励作用。也就是说，你预先许诺给自己的奖励，应该是你可以兑现的，而不是没有把握的。

我的一位学员曾在自我激励计划中写下了“购买一辆福特汽车”的奖励——当年业绩突破30万美元时，他就送给自己一辆福特汽车。可到年底时他才发现，公司发给他的业绩提成只有30万美元的五十分之一——只能买该款汽车的两个轮子。这几乎是一张空头支票，他只能延期兑现。

第三，永远不要预支奖励，否则奖励便失去了价值。

奖励应该在工作完成后即时兑现，就像闹钟一样，它总是十分准时地到点提醒我们，永远不会提前响铃。奖励既不能延期，也不能预支。即便确信自己会如期实现目标，完成计划，也不要预支奖励，否则会让自己的潜意识认为这是一个“可加以利用”的漏洞。一旦有过一次预支，下次我们的本能还会如法炮制，这就会使奖励变得一文不值。

第四，激励和奖励都不能层层加码，否则会让我们感觉很累。

再次强调：不要为自己制定过高的目标！目标再诱人，奖励再大，无法完成也是毫无意义的。这就像车间里工作的工人，他每天最大的生产量可能只有100件产品，那么他给自己制定完成200件的目标就是不切实际的，这会导致奖励无法如愿兑现。这既不现实，也会使自己陷入一种疲于奔命的状态，丝毫调动不起自己的积极性。

Part9
四个步骤，做到“敢干”

有针对性地设计可行性方案

我们每天都在制定不同的目标，这可能是世界上最简单的事情。但是，目标制定好后，必须付诸行动去实现它。如何用行动实现目标，才是最困难的事情。没有行动，或者不具备可行性，我们所制定的目标就成了毫无意义的东西。所以，重要的是如何行动。当目标制定好时，我们最需要做的工作是有针对性地设计一份可行的方案，然后不能有一丝一毫的犹豫，立刻、坚决地干起来。当我们手持一份可以马上开始行动的方案时，任何观望、徘徊或畏缩都会使我们的美妙计划变成泡影。

先让手指头动起来

为了落实“我计划要做的事情”，要在第一时间让手指头动起来——去收集与目标有关的一切信息。如果我们的目标是在半年内学会一支舞蹈，不妨马上找一找培训信息，看看哪个机构适合我们，或者搜索一下这方面的教材。只有手指头先动起来，才能调动大脑中的潜能，并为潜意识输入积极的命令。

如何加强行动的决心

“行动的决心”就像闺中待嫁的姑娘，怎样把她牵引出来呢？如果我们的兴趣、喜好和目标是在7个月内购买一辆路虎汽车，那么我们要准备充足的理由说服自己为此努力。这并不意味着马上去购买，而是为接下来的行动储备动机。例如，我们可以严肃地对自己说：“拥有一辆路虎汽车符合我当前的身份，也符合我朋友圈的平均水平。”不要对有这些功利的动机感到羞惭。相比于懒惰和疏于行动的坏习惯，凡是能让自己行动起来的“诱惑”都有一定的合理性。

“明确的步骤”必不可少

一份具备可行性的方案必须有“明确的步骤”。比如，你为自己制定了一年内赚到50万美元的目标，那么你要做的不是钻进被窝里做梦，而是写下未来一年内必须采取的步骤：

赚到50万美元不是一个轻松的目标，我应该向谁征求建议？

我现在的工作是否可以落实这个目标，是不是需要考虑另谋第二份工作来增加自己的收入？

我是否应该实施节减开支的计划，省出钱来去投资？

我是否应该去建立新的事业，并为此准备资源？

结合这些问题，你就看到了一个方案的雏形。你要一步步地分析这些无法忽视的问题，并解决中间可能产生的困惑。有可能一个环节没有解决好，方案就没有可行性，你的计划就无法实施。

“想象成功”的预先体验

不要忘了，每天拿出一些时间来检验计划——至少我们要体验一下成功实现目标后的感受，用“想象成功”的美好体验增强行动的勇气。

我建议你每天早上和晚上各拿出5分钟认真地体验成功的感受，以增强乐观的精神和意志力。

在这个过程中，你也要每隔两周重新回顾一下过去所定下的目标和正在执行的方案，确定实施它们是否正常，以及是否达到了预期目标。当你经常用积极的态度对待正在进行的工作，并以乐观的想象期盼美好的未来时，我相信你全身上下都将焕发出与以往截然不同的气质。无论结果如何，你都能在努力的过程中获得成长。

开个好头非常重要

万事开头难。没错，最关键的永远都是第一步。要干成一件事情，迈出第一步总是非常艰难。因此，在你的方案中必须将“第一步”列为重点中的重点，详细规划怎样成功地实施最前面的环节。只要第一步走好了，后面就会越来越顺利。开个好头，接下来的成功就是顺理成章的事情。

让自己适应没有手机的世界

为什么需要开展“关上电话”的训练？因为我们普遍缺乏当机立断的决心。由于不舍得离开当下舒适的生活，不想拔掉听音乐的耳机，不想手机离开自己哪怕一秒钟，所以，我们的注意力才会被手机转移，错过很多机会。这一训练的核心思想是：你要让自己学会适应一个没有电子信号的世界，即便这个过程只有30分钟。关上所有的电子设备，然后集中全部精力，开始做计划好的那些事情。我相信你会从这场短暂的训练中重新找到内心的宁静。

用三分钟时间排除杂念

在开始行动之前，你要先拿出三分钟时间清空自己的大脑。你要在这段时间里将所有与行动无关的杂念排除掉，把它们请出大脑，留下与执行计划和行动有关的思想。这时，你可以凝聚它们，甚至与其对话，那些尘封已久的梦想会问你：“你什么时候让我变成现实？”

你要主动且决绝地与“空想”说再见，因为每一个成功者都是行动家、实干家，而不是“空想家”。每一个真正赚到钱的人都是“实践派”，他们从来都不是“理论派”。所以，你要将空想请出自己的大脑，开始聚焦于行动。

关上所有的电子设备

当一想到互联网和电话将远离自己时，你可能会感到焦虑。但是，毫不犹豫地关上手机、平板电脑等一切能联系外界的电子设备，那又如何？我们的生命因此停止了吗？没有。尝试将所有能够关闭的设备通通关上，即使没有正事可干，也要在这个宁静的空间里静坐30分钟。这是为了训练我们对于孤独的耐受力，你一定会突然觉察到一些奇妙的变化：

“我的耳朵听力敏捷了！”

“我的思考速度加快了，同时效率更高了！”

“我竟然想到了两年前制订过的一份计划，遗憾的是从来没有实施过。”

“我有些惶恐，因为我意识到过去自己浪费了大量的时间！”

瞧，这就是显而易见的变化。只有在完全封闭的宁静空间里，在与手机、电脑等电子设备彻底隔离时，我们的大脑才会打开并释放这些神奇的关注力。

先坚持30分钟，再逐步增加

很少有人能在第一次坚持8分钟。在我们接近5000次的训练中，大约有72%的人选择在第5分钟就打开手机，或者他们的手机并没有真正关闭，只是调到了“飞行模式”。我不鼓励这种欺骗自我的行为。即使很难坚持，我仍然希望在第一次进行这项训练时，你能让自己拥有至少30分钟的宁静时光，它所带来的好处会在将来相当长时期的工作中体现出来。

克服追求完美的习惯

请反复诵读19世纪的女摄影家茱丽亚·玛格丽特·卡梅隆在《艺术家之路》一书中所写的一句话：“完美主义其实是导致你止步不前的障碍。它是一个怪圈——一个强迫你在所写、所画和所做的细节里不能自拔、丧失全局观念又使人精疲力竭的封闭式系统。”

没错，完美主义是一切清醒大脑、创造力和积极生产精神的敌人。它让我们掉进了追求精细而忽略全局的怪圈，在将自己累死的同时还弄丢了快乐的本性。你要克服完美主义，做回真正的自己，从此不要再为自己付出的努力而感到困惑。

削弱强烈的竞争欲望

如果竞争的欲望太过强烈，无论你处于何种形式的团队或社会氛围中，你都会是带有偏执风格的完美主义者，至少在别人看来“你就是那个野心勃勃的人”。因此，请明智地制定竞争策略，并且选择合适的团队。

在迈出第一步时，你就要对竞争表明态度，在大脑中抹掉之前自己经常唠叨的一些话。比如：“喂，你要追求成功，要超过所有的人，否则就等同于失败，你的人生将一无是处！”别再给自己增加类似的压力，别再企图在任何场合都争夺第一名。有时候，你要想想即便是“第二名”或“第三名”也是不错的结果。

马上立一些规矩

对于无法避免的竞争——我们没办法绕过全部的竞争，要制定一些足以使自己日夜恪守的规矩。比如，不要让自己关注那些诸如“最优秀”“最富裕”“最能干”等标榜最好的信息。对完美主义者来说，这些信息经常能够刺激他们的神经，影响到他们的思考。这些信息就像流着血的猎物，吸引你奔出丛林，同那些优秀的猎手竞争。

为何要这样折磨自己呢？你要用铁一般的原则约束自己的冲动和激情，要让自己的注意力集中到那些温和而合理的目标上。针对自己的具体情况，你可以灵活地制定这方面的原则，将追求完美的那些想法封存起来或者排出大脑。

忘掉不切实际的期望

为何不列一份期望清单，然后撕掉它？仔细想一想：你在过去的数周、数月乃至数年间积累了多少不切实际的期望？你有多少次在不眠的深夜仰望星空，嘴里念叨着一些痴人说梦式的奢想？这些目标很难实现，但我们将其存储在了大脑中重要的区域，牵扯着大量的精力。

选择一段时间，把这些“不切实际的期望”都写在纸上，然后当天就修改它们。修改的目的是画掉其中“最有野心”和超出自己能力范畴的部分，从而使身心达到真正的自由，在正确的计划上释放自己的思考力。

偶尔庆祝一次失败

好吧，我不得不承认“庆祝失败”一定是这个世界上最艰难的事情，它对任何人来说都像是在玩“自己摔下楼梯还要爬起来拍手称快”的游戏。但是，它意义非凡！如果有什么方法能快速帮你克服完美主义，那就是从接受自己的失败做起。在遇到挫折或被现实当头浇了一盆冷水后，别着急发火，而是先大笑一次。

我认为每一次发生在你身上的“重大失误”都值得庆贺一回。这是帮助你变得成熟的最佳途径，能让你更加清醒地看到自己的不足，以及应该站在哪个位置。一个不能接受并理解失败的人，我认为他很难真正实现自己的人生目标，也很难在漫长的岁月中表现出强悍的干劲。

克服在最后时刻撸起袖子干的习惯

“等会儿再干”的拖延心态，会导致各种不合逻辑，甚至让自己感到羞愧的行为发生，这几乎成为现在很多人一种很难治愈的“通病”。总是将自己逼到最后时刻才开始撸起袖子干，并标榜这是自己“短时间内的爆发力”，这恰恰是消磨和摧毁我们的意志力与创造力的毁灭性行为模式。

克服拖延的关键不在于意识到拖延的危害，而是反省自己制订的计划是否合理。在这个过程中，自我怀疑和自我批判都不是必要的，想让自己变得更有效率，你必须减轻阻碍行动的思想负担，并降低计划的难度。

尝试从完成“小任务”做起

我不能排除有些人做事擅长“先难后易”，但“从易到难”是一个更加普遍的原则，它适用于大多数人。“从易到难”能极大地缓减行动的压力。你可以从小的、优先级低、风险较低的事情做起，迈出第一步，顺利地在这次行动中建立成就感，打好前进的基础。但是，这并不意味着后面只做优先级低、难度低的工作。“小任务”是一个很好的引子，它能引燃你的激情，然后你才能打起精神完成那些更重要的工作。在实际的指导中，我经常建议学员先为自己选择一个重要的任务，但是在攻克那些较为轻松的工作之前先推迟做这项工作的时间。当做完其他低难度的工作，成功地为自己建立了成就感后，再来处理这件棘手的工作。

专注带来的满足感的激励作用

我们已经证实：专注带来的满足感有利于帮助我们战胜那些顽固的拖延症。所以，无论你正在处理的事情是大还是小，是紧急、重要还是无足轻重，都要始终专注于自己的思考——全神贯注地做好眼下的工作，不同时思考其他的事情。即便是很简单的工作，只要能顺利地把它完成，也能让你有非常强烈的满足感。